corps numériques en scène

à partir de l'expérience de *Bains numériques*
et du Réseau Arts Numériques

the *Bains numériques* festival and
the RAN Digital Arts Network

Publication hybride (livre+DVD) réalisée à partir de la manifestation *Bains numériques #2*, rencontres internationales de la scène numérique d'Enghien-les-Bains (24-26 octobre 2007) et du Réseau Arts Numériques (RAN).

Co-édition *centre des arts* d'Enghien-les-Bains / La Lettre volée

This combined book/DVD is based on *Bains numériques #2*, the international digital performing arts festival held in Enghien-les-Bains, France, on 24–26 October 2007, with additional input from the RAN Digital Arts Network.

Published by the *centre des arts* in Enghien-les-Bains / La Lettre volée

PUBLICATION

Direction de la publication / *Editor in chief*
Dominique Roland

Conception et coordination éditoriales / *Coordinating editor*
Philippe Franck

Suivi éditorial (livre) / *Managing editor (book)*
Sarah Faguer

Suivi éditorial (DVD) / *Managing editor (DVD)*
Benoît Guérinault

Relecture / *Proofreading*
Anaïs Destrée

Textes / *Texts*
Philippe Baudelot, Laurent Catala, Maÿlis Dupont, Philippe Franck, Christian Jacquemin, Francis Lestienne, Normand Marcy, Armando Menicacci, Jean-Noël Montagné, Mutin (Florence Corin, Philippe Jelli, Céline Verdan)

Entretiens et introductions / *Interviews and presentations*
Philippe Franck

Traduction anglaise / *English translation*
John Tittensor
Paul Jones

Conception graphique / *Graphic design*
Juanma Gómez
Assisté par / *assisted by*
Raquel Muñoz

Cet ouvrage a été réalisé en partenariat avec Transcultures, centre interdisciplinaire dédié aux cultures électroniques et sonores (Mons, Belgique)

Publié avec l'aide de la Communauté française de Belgique

This publication was produced in partnership with Transcultures in Mons, Belgium, a centre for cross-disciplinary explorations in the domains of creative electronics and sound.

Published with the support of the The French speaking Community of Belgium

Enghien les Bains
Liberté • Égalité • Fraternité — République Française
Ministère Culture Communication
val d'oise le département
Ambassade du Japon en France
Maison de la culture du Japon à Paris
Centre Wallonie Bruxelles à Paris
TRANSCULTURES
Centre Culturel de Taiwan à Paris 巴黎台灣文化中心
Conseil des Arts du Canada — Canada Council for the Arts
Conseil des arts et des lettres Québec
CONSEIL DES ARTS DE MONTRÉAL
Les Rives d'Enghien LUCIEN BARRIÈRE

REMERCIEMENTS

à Philippe Sueur, Maire d'Enghien-les-Bains, Conseiller Général du Val d'Oise

à Jacques Séclet, Adjoint au Maire délégué à la culture de la Ville d'Enghien-les-Bains

à la Ville d'Enghien-les-Bains

à l'équipe du *centre des arts*

à l'équipe de Transcultures

et à Florent Aziosmanoff, Franck Bauchard, Dominique Besson, Julie Bougard et Marc Stephan, Siegfried Canto, Philippe Combes, Andrea Davidson, Christian Delécluse, Thierry De Mey, Myriam Gourfink, Yuzo Ishiyama, Gong Jow-Jiun, Pascal Keiser, kondition pluriel, Armando Menicacci, Mutin, Pedro Pauwels, Louise Poissant, Denis Poulin et Martine Époque, Éric Prigent, Tomotoka Takahashi, Hiroaki Umeda, Helder Vasconcelos, Huang Yi

ACKNOWLEDGEMENTS

Philippe Sueur, mayor of Enghien-les-Bains, Member of the Val d'Oise département council

Jacques Séclet, deputy mayor in charge of cultural affairs, Enghien-les-Bains

City of Enghien-les-Bains

The Enghien-les-Bains *centre des arts* team

The Transcultures team

And Florent Aziosmanoff, Franck Bauchard, Dominique Besson, Julie Bougard and Marc Stephan, Siegfried Canto, Philippe Combes, Andrea Davidson, Christian Delécluse, Thierry De Mey, Myriam Gourfink, Yuzo Ishiyama, Gong Jow-Jiun, Pascal Keiser, kondition pluriel, Armando Menicacci, Mutin, Pedro Pauwels, Louise Poissant, Denis Poulin and Martine Époque, Éric Prigent, Tomotoka Takahashi, Hiroaki Umeda, Helder Vasconcelos and Huang Yi

CRÉDITS PHOTOGRAPHIQUES / PHOTOGRAPHS

COUVERTURE ET PAGES D'OUVERTURE DE CHAPITRE
COVER AND SPREAD CHAPTERS
Images de création / *Images*
Juanma Gómez
Danseuse / *Dancer*
Lola Rubio

PAGES INTÉRIEURES / *SPREADS*
D.R. : p.23, 24, 26, 113, 114, 120-121
© Andrea Davidson : p.31
© Thierry De Mey : p.35, 36, 37, 40, 41, 42
© Bastien Capela :
p.38, 47, 49, 50, 51, 55, 56, 68, 70, 71, 73
© Christian Ganet : p.39
© Philippe Franck : p.45, 91
© Shin Yamagata : p.53
© Hiroaki Umeda : p.54, 58
© *centre des arts* : p.59, 81, 83
© Normand Marcy : p.73
© Florent Aziosmanoff : p.74
© Jean-Noël Montagné : p.92, 93, 98, 101, 102, 114
© Peter Dimakos : p.105, 109
© Transcultures : p.106
© Mutin : p.116, 117, 118
© Frédéric Durieu : p.122
© Anna Sokolova / Le Fresnoy / Studio National des Arts Contemporains : p.125
© N.C Kingsley / Le Fresnoy / Studio National des Arts Contemporains : p.126, 127
© Julien Tarride / Le Fresnoy / Fondation Royaumont : p.130-131
© Contour Progressif : p.134, 137, 140-141, 145
© Laurent Philippe : p.198, 139

CRÉDITS TEXTES
© Philippe Baudelot
© Laurent Catala
© Maÿlis Dupont
© Philippe Franck
© Christian Jacquemin
© Francis Lestienne
© Normand Marcy
© Armando Menicacci
© Jean-Noël Montagné
© Mutin (Florence Corin, Philippe Jelli, Céline Verdan)

ISBN *centre des arts* : 978-2-916639-08-6
ISBN La Lettre volée : 978-2-87317-332-6

centre des arts
d'Enghien-les-Bains
12-16 rue de la Libération
95880 Enghien-les-Bains
T. +33 1 30 10 88 91
www.cda95.fr

La Lettre volée / Ante Post a.s.b.l.
20 bd Barthélemy
B-1000 Bruxelles
T.+32 2 512 02 38
www.lettrevolee.com

corps scéniques, de l'humain au numérique, *vice-versa* et *in vivo*

bodies on stage: from the human to the digital, *vice-versa* and *in vivo*

Avec les dispositifs numériques de plus en plus perfectionnés et intégrés aux différentes formes de création contemporaine, corps et scène sont tout autant 'augmentés' que 'reliés' par de nouvelles formes d'interactions qui redéfinissent les modes de diffusion et de perception du « *spectacle multi-inter-médiatisé* ».
On a beaucoup parlé ces dernières années du « *corps-machine* », du « *corps-avatar* », du « *corps-prothèse* », du « *corps réel / virtuel* »... Ces extensions nous ramènent dans un mouvement centripète / centrifuge à son épicentre humain le plus essentiel et partant de là, au processus créatif encore et toujours réinterrogé et aux nouvelles formes d'écriture du mouvement.

« *Je suis mon corps, je suis ma scène, je suis mon interface mais je suis corps, scène, interface connectés à d'autres corps, d'autres scènes, d'autres interfaces* », telle est la condition mutante de l'*homo technologicus*. Ces 'extensions / mutations / intersections' sont au carrefour de la sphère artistique, scientifique et technologique. Elles invitent les créateurs, les opérateurs culturels et scientifiques mais aussi les spectateurs de plus en plus sollicités à une formation continue, un repositionnement permanent et à une grande ouverture perceptive. Cette dynamique est à la fois l'exigence et la richesse de ces formes et langages en devenir.

Corps numériques en scène est une publication hybride (livre + DVD), à la fois réflexive et documentaire, qui trouve sa source dans deux expériences concrètes, d'une part, la deuxième édition de *Bains numériques* (24-26 octobre 2007, à Enghien-les-Bains) et d'autre part, le Réseau Arts Numériques (RAN) initié par le *centre des arts* d'Enghien-les-Bains, constitué en association autonome regroupant, à ce jour, une vingtaine de structures culturelles et de laboratoires universitaires français et étrangers. Ces deux *stimuli* sont autant les sources que le prétexte à d'autres explorations avec, en fil rouge, ces multiples traits d'union entre le mouvement, les arts de la scène et les technologies numériques.

With increasingly sophisticated digital systems now integrated into various forms of contemporary performance, body and stage are 'augmented' and 'connected' by new forms of interaction that redefine the modes of presentation and perception of the "*multicrossmedia performance*". There has been a lot of talk in recent years about the "*machine body*", the "*avatar body*", the "*prosthesis body*" and the "*real/virtual body*" — extensions whose centripetal/centrifugal movement takes us to the crucial human epicentre, then to a constantly challenged creative process and new forms of motion transcription.

"*I am my body, I am my stage, I am my interface — but I am body, stage and interface connected to other bodies, other stages and other interfaces*". Such is the mutant condition of *homo technologicus*. At the junction of the artistic, the scientific and the technological, these 'extensions/mutations/crossovers' summon creators and cultural and scientific contributors — but also spectators, who are increasingly called on to play a part — to ongoing skills acquisition, constant flexibility and enormous perceptual receptivity. This dynamic is both the prerequisite and the richness of these evolving forms and languages.

Corps numériques en scène (*Digital Bodies on Stage*) is a hybrid publication (book + DVD), a mix of ideas and documentary drawing on two concrete experiments: the second *Bains numériques* digital arts festival at Enghien-les-Bains on 24-26 October 2007; and the RAN Digital Arts Network, initiated by the Enghien-les-Bains *centre des arts* and currently comprising twenty cultural bodies and university laboratories in France and elsewhere. The two experiments are at once the inspiration and the justification for further explorations, with the leitmotif being the multiple connections between movement, the performing arts and digital technology.

Le DVD reprend principalement des extraits de spectacles, d'installations et de *works in progress* présentés à *Bains numériques #2* et également des entretiens réalisés avec plusieurs invités du festival (pour la plupart interrogés sur le vif entre deux répétitions ou présentations) ou artistes en résidence, répondant à une même série de questions permettant de croiser leurs réponses.

Le livre n'entend aucunement doubler l'aspect documentaire du DVD attenant, mais plutôt le compléter par des textes et des entretiens avec des artistes, des responsables de structures et des chercheurs scientifiques impliqués dans *Bains numériques* (qui présentait tant des formes chorégraphiques, installatives et audio-visuelles finies que des rencontres ainsi que des présentations de projets artistiques, scientifiques et technologiques évolutifs) et dans le développement du RAN (notamment ses « *expériences pilotes* » qui réunissent des chercheurs, des créateurs et des observateurs critiques pour des collaborations concrètes dans différents lieux universitaires et culturels). Nous avons souhaité partir du terrain, un terrain fertile à géométrie variable. C'est donc à un instant, à un état forcément éphémère mais que nous espérons signifiant, de ces réflexions, interrogations, expériences, croisements, créations et recherches que nous convions les lecteurs / spectateurs ainsi que les artistes, chercheurs, critiques et opérateurs culturels qui ont constitué cette publication collective forcément incomplète et forcément mais honnêtement subjective.

Nous avons choisi d'ouvrir le livre par un florilège de définitions des arts numériques recueillies auprès des participants à *Bains numériques #2* et au RAN, qui sont autant de miroirs d'expériences différentes démontrant, si besoin est, qu'il n'y a pas une conception de la création numérique mais une constellation résultant de la pluralité des approches et des contextes.

The DVD is devoted to excerpts from the performances, installations and works in progress presented at *Bains numériques #2*; to interviews with a number of festival guests, for the most part snapped up spontaneously between rehearsals or performances; and to interviews with artists in residence, who were given the same set of questions so their answers could be compared.

The book is intended not to duplicate the DVD's documentary aspect, but to fill it out with texts and interviews with artists, art organisation directors and scientific researchers involved in the *Bains numériques* mix of dance pieces, installations, audiovisual works, encounters and presentations of ongoing artistic, scientific and technological projects. Similar interviews bore on the development of RAN and notably the "*pilot experiments*" that brought together researchers, artists and critics for concrete collaborations in different university and cultural settings. We wanted to begin on fertile, variable-geometry terrain. And so this publication invites reader / spectators, artists, researchers, critics and cultural event organisers, to share a few moments — necessarily ephemeral, but hopefully meaningful — of these discussions, questionings, experiments, crossfertilisations, works of art and research ventures. Inevitably incomplete, the result is also inevitably — but honestly — subjective.

We decided to begin the book with an anthology of definitions of the digital arts from participants in *Bains numériques #2* and RAN. These definitions reflect a gamut of experiences proving — if any proof was really required — that rather than a single definition of digital creation, there exists an entire constellation deriving from a host of approaches and contexts.

À la lumière des expériences et des créations de ce *corpus* à la fois festivalier et prospectif, nous avons divisé cet ouvrage en trois zones poreuses :

> le *corps en scène* (évolutions de l'espace scénique, démarches d'artistes de différentes générations dont les œuvres ont été présentées aux *Bains numériques*) ;

> le *corps en recherche* (recherche artistique avec de nouvelles formes d'écritures, des œuvres comportementales, des interfaces corps-machine mais aussi recherche scientifique collaborant avec l'artistique sur des projets étudiant d'autres modes de perception et de sensorialité) ;

> le *corps en réseau* (réseaux art-science-entreprise qui se mettent en place, réseaux de manifestations culturelles ouvertes à la création numérique ou encore réseaux de réflexions critiques sur des sujets touchant au corps numérique) associé ici au corps en développement (expériences de formation continue et de pédagogie artistique intégrant les technologies numériques).

In the light of the experiments and finished works making up this festive, forward-looking *corpus*, we have divided the book into three osmotic sections:

> *corps en scène* (stage bodies): evolution of the performance space, approaches by authors of different generations whose works were presented at *Bains numériques;*

> *corps en recherche* (research bodies): artistic research involving new idioms, behavioural works and body-machine interfaces; together with combined scientific/artistic research in the form of projects looking into other perceptual and sensorial modes;

> *corps en réseau* (network bodies): art-science-business networks, networks of cultural events open to digital creation, networks for critical discussion of subjects related to the digital body; plus evolving bodies, a look at continuing education and art teaching experiments incorporating digital technology.

Obviously other arrangements of the material were possible, but once again it was a question of taking the pulse of these mutating technologised bodies and providing a series of snapshots of hybrid sensory organisms falling outside the standard formats. There can be no doubt — and this is now more desirable than ever — that here and elsewhere there will be other publications, other contributions, other visions and other, complementary lines of force/perspective lines which will fuel discussion, research and creativity.

D'autres agencements auraient bien sûr été possibles mais encore une fois, il s'agit bien ici de prendre le pouls de ces corps technologisés en mutation et de proposer une série de polaroïds de ces organismes sensibles hybrides qui échappent aux formatages disciplinaires. Nous ne doutons pas — c'est à souhaiter et à encourager plus que jamais — qu'il y aura ici et ailleurs d'autres publications, d'autres contributions, d'autres visions et d'autres lignes de force et de fuite complémentaires qui alimenteront tant la réflexion et la recherche que la création.

Corps numériques en scène s'inscrit aussi dans la volonté du *centre des arts* et de ses partenaires de fournir des outils critiques parallèlement à l'expérience créative artistique / scientifique / technologique *in vivo*. C'est une gageure car on sait qu'un certain recul, une pause dans cet activisme créatif accéléré est nécessaire pour pouvoir mieux apprécier les trajectoires et leurs spécificités. Conscients de ces paradoxes, il nous a cependant semblé qu'en s'en tenant modestement à des témoignages d'expériences souvent riches et stimulantes, en mettant en contexte, en sons et en images des aventures artistiques et scientifiques qui intègrent des technologies de pointe hautement évolutives, des récurrences, des liens mais aussi et surtout des singularités à forte rémanence, cet ensemble pouvait aussi constituer un *corpus* éclairant pour le plus grand nombre

Que soient à nouveau remerciés chaleureusement tous les participants à cet ouvrage pluriel, l'équipe du *centre des arts* d'Enghien-les-Bains et de Transcultures à Bruxelles/Mons, complices dans cette aventure, mais aussi toutes celles et ceux qui donnent corps et sens à *Bains numériques* et au RAN.

Bonne lecture, bonne (multi)vision !

Corps numériques en scène (Digital Bodies on Stage) also points up the determination of the Enghien-les-Bains *centre des arts* and its partners to provide critical tools in parallel with their *in vivo* artistic/scientific/technological experiment. This is quite a challenge, for we know that a certain detachment — a pause in all this high-speed creative activity — is needed for a better assessment of the trajectories in question and their specific characteristics. While fully aware of these paradoxes, we felt it best to limit ourselves to a modest survey of often rich and stimulating experiments: to set in context, in the form of sounds and images, artistic and scientific adventures incorporating constantly evolving cutting-edge technology; and to identify recurring features, connections and above all powerfully evocative singularities. Thus, we thought, the book's message would reach the broadest possible audience.

We would like to express once again our gratitude to all the contributors to this book: the teams from the Enghien-les-Bains *centre des arts* and Transcultures in Brussels and Mons, as well as all those who make *Bains numériques* and RAN such enriching, meaningful experiences.

We hope you enjoy this book and the DVD that comes with it!

Philippe Franck
coordinateur du projet éditorial,
directeur de Transcultures
coordinating editor,
director of Transcultures

Dominique Roland
directeur de la publication et
du *centre des arts* d'Enghien-les-Bains
editor in chief,
director of the Enghien-les-Bains
centre des arts

« TOUS LES MÉDIAS SONT DES EXTENSIONS DE NOS FACULTÉS PHYSIQUES ET PSYCHIQUES » a écrit Marshall McLuhan, en 1957, dans le désormais historique *The Medium is the Message*. Dans cette 'vision augmentée', les arts d'aujourd'hui, qui intègrent réellement les technologies numériques et les 'hyper médias' dans leur processus créatif même, seraient des extensions de nos modes de production, de diffusion et de perception. À cette propriété d'extension, j'ajouterai une autre de connexion, *celle des pratiques artistiques/scientifiques/technologiques qui sont aussi au cœur de cette création numérique contemporaine plurielle, multi médiatique, multi / inter / trans-disciplinaire, une caractéristique fondamentale qui en fait aussi un vecteur de changement très profond pour l'ensemble des champs convoqués.*

philippe franck

"All media are extensions of some human faculty — psychic or physical", Marshall McLuhan wrote in the now historic *The Medium is the Message* (1967). In this 'augmented vision' of things, the arts of today which really incorporate digital technology and 'hypermedia' into their actual creative process are EXTENSIONS OF OUR MODES OF PERCEPTION, PRODUCTION AND DISTRIBUTION. To the property of extension ***I shall add that of connection*** — the property of those artistic/scientific/technological practices which are also at the core of today's pluralistic, multimedia, multi/crossdisciplinary digital creation. This is a fundamental characteristic and a vector for profound change in all the fields concerned.

C'est l'art d'aujourd'hui, pour moi c'est tellement naturel. On pourrait chercher une réponse au niveau de la notion d'*in situ*. L'art numérique permet de créer de nouvelles architectures, de rentrer dans un espace de représentation ou dans une scénographie inédite, au service du propos. Ces nouvelles architectures peuvent être sans limites et peuvent donner à voir et à entendre des représentations mentales très intimes.

IT'S THE ART OF TODAY AND FOR ME IT'S ABSOLUTELY NATURAL. YOU COULD LOOK FOR A DEFINITION IN THE NOTION OF SITE-SPECIFIC: DIGITAL ART MEANS YOU CAN CREATE new architectures, or enter a totally new performance space or scenography. These new architectures can be limitless and can provide intimate inner experiences in terms of vision and sound.

dominique besson

N'enfermons pas l'art numérique dans des définitions réductrices, incomplètes et approximatives. Trop d'approches peuvent sembler justes qui ne reflètent que le champ de compétence de ceux qui les énoncent. À vouloir comprendre, conceptualiser et énoncer ce qu'est l'art numérique, nous l'abordons à l'aune de ce qui l'a précédé et qui fait encore force de loi. LAISSONS-LE DONC SE PERDRE DANS NOS IMAGINAIRES, sans tenter pour l'heure de savoir ni ce qu'il est, ni où, ni comment, ni par qui. Sans savoir même s'il est un art. C'est une condition nécessaire, même si elle n'est pas toujours suffisante, pour que se déploie « ce brouillard précis » que nous aimons tant dont parle Derrick de Kerkhove.

philippe baudelot

Let's not lock digital art into incomplete, approximate, reductive definitions. There are too many approaches that can seem right, but only reflect the skills areas of their advocates. In trying to understand, conceptualise and assert what digital art is, we in fact apply the criteria that preceded it and which still prevail. *So why not just let it roam free* in our imaginations for the moment, and not try to find out the what, where, how and who of it. Let's not even try to work out if it's art or not. This is a prerequisite — even if sometimes an insufficient one — for the spreading of the captivating "precise fog" Derrick de Kerkhove talks about.

helder vasconcelos

Mon père pensait que la réduction de la taille des objets et des instruments électroménagers était la manifestation d'une forme de spiritualisation. Pour moi, le numérique et l'art numérique s'approcheraient de plus en plus de ce que l'on peut appeler une spiritualisation ou une certaine essence du corps humain qui n'est pas dans la matière. Je crois que l'être humain n'est pas qu'un corps, il est au-delà. Il me semble que l'art numérique avance sur cette voie, qu'à chaque fois, l'art, en se libérant de la matière, en devenant plus virtuel trouve un moyen de ***montrer une partie de l'être humain qui n'est pas matérielle.***

My father thought that the shrinking size of electrical appliances was the expression of a form of spiritualization. I would say that digital arts are getting closer to a form of spiritualization, an essence of the body, a dematerialized body. I don't think human beings are only bodies. They are beyond the body. I believe that digital arts, by freeing themselves from the material side of things, manage to ***show a non-material aspect of the human being.***

thierry de mey

L'art numérique commence en 18 000 avant J.-C. avec des types qui dessinaient des chiffres sur des bâtons sans doute importants car ils jugeaient important de les mettre dans leurs tombes

(s'agissait-il de chèvres, d'enfants ou de pleines lunes ?)

On comprend ce changement de perception par rapport à ce que nous a apporté l'ordinateur mais ce n'est pas une définition porteuse de sens en soi.

C'est l'art rendu possible par ces outils plus que l'esthétique qui en découle.

Digital art began in 18,000 BC with guys drawing numbers on sticks. The sticks must have been important because they were buried with their owners — but did the numbers refer to goats, children or full moons? The computer has brought a change of perception, but not a new, meaningful definition.

This is art made possible by new tools;

the aesthetic remains pretty much the same.

philippe combes

Le bon ordre est *qu'est-ce qu'on a à dire ?*

puis comment le dire

avec tous les éléments de langage dont on dispose et qu'il s'agit de maîtriser au mieux.

Pas l'inverse !

The right order for things is, firstly, what do you want to say?

And then, how do you say it using language tools you've really mastered?

Not the opposite!

louise poissant

On parle au Québec d'« arts médiatiques » qui incorporent aussi des arts qui ne sont pas numériques (dont la vidéo et des œuvres qui ne passent pas par l'ordinateur nécessairement). C'est ambigu car « media arts » fait d'abord référence aux mass médias (télévision et radio) mais institutionnellement au Canada, on parle d'« arts médiatiques » et, pour moi, c'est une bonne étiquette car

elle met l'accent sur la dimension média et comment par cet interface, on arrive à déterminer, organiser la façon de se relier, de transformer le rapport au réel et à la scène.

Ces arts médiatiques recouvrent toutes les formes d'art qui reposent sur l'électronique et la technologie et essaient de travailler l'interface pour modifier la relation et renouveler les médias précédents qui ne pourraient pas répondre à une nouvelle sensibilité ou à un nouveau désir de s'exprimer.

In Quebec people speak of "media arts", a term that also covers non-digital arts such as video and works not necessarily involving a computer. There's an ambiguity here, because "media arts" refers first of all to the mass media, to TV and radio, but the term's used officially in Canada and I find the label useful: it puts the emphasis on the media aspect and on how we manage, via the interface,

to determine and organise ways of connecting with each other and transforming our relationship with reality and the stage.

These media arts cover all the electronically and technologically-driven art forms that set out, via the interface, to modify our relationship with earlier media, and at the same time to regenerate those media that don't fit with a new sensibility and a new urge ***towards self-expression***.

hiroaki umeda

Si on utilise
la technologie numérique
dans la création même,
alors on peut sans doute parler d'art numérique mais

POUR MOI C'EST JUSTE UN OUTIL

Je suis plus intéressé par la partie
« art » que par le « numérique » en soi.

If you use digital technology for making art, you can of course talk about digital art. But for me it's

just a tool

*I'm more interested in the **"art"** than in the **"digital"** as such.*

The first word that springs to mind is
"transcendence"
to look elsewhere, to try to redefine
— but not with words – a new state,
a projection of new sensations we maybe haven't experienced yet.

denis poulin

Le premier mot qui me vient est « transcendance »

aller ailleurs, tenter de redéfinir
non pas avec des mots,
un nouvel état,
une nouvelle projection de sensations
qu'on ne connaît peut-être pas encore.

pedro pauwels

SOUVENT LA DANSE PREND LE PARTI DE L'IMAGE
ET TRAVAILLE L'ÉCRITURE CHORÉGRAPHIQUE À TRAVERS ELLE
(DÉDOUBLEMENT, SUBSTITUTION DU CORPS...)
J'AI PLUTÔT ENVIE

QUE LE CORPS NUMÉRIQUE
SE DÉVELOPPE SOUS D'AUTRES
FORMES SENSORIELLES,

auditives... qu'on aille creuser ailleurs que dans notre relation personnelle à l'image virtuelle.

Dance often takes
an image-based approach to choreography and the body via
splitting, substitution, etc.
What I'd rather see is the *digital body*
developing
through other
sensory channels
— the auditory, for example
I'd like exploration to be happening elsewhere than
in our personal relationship with the virtual image.

yuzo ishiyama

JE NE VOIS PAS DE CLÔTURE NETTE ENTRE
ANALOGIQUE ET NUMÉRIQUE ;
CES DIMENSIONS FONT
PARTIE INTÉGRANTE DE LA VIE QUOTIDIENNE.
Je ne suis pas un « digital maniac »
mais un asiatique qui mélange des éléments qui font partie
de mon environnement naturel.

I don't see any clear boundary between analogue and digital:
both are AN INTEGRAL PART OF DAILY LIFE.
I'm not a "digital maniac";
I'm just an Asian mixing elements
that are part of my
natural environment.

kondition pluriel

Il y a beaucoup de pratiques et de formes différentes dans les arts numériques. Pour nous,
l'installation serait la discipline reine dans les arts numériques.

Elle est une extension des autres arts visuels contemporains. Aujourd'hui les arts numériques peuvent sortir de l'isolement. Nous sommes capables d'intégrer, avec la digitalisation, des concepts qu'on ne pouvait pas intégrer du temps de l'art moderne. Les arts numériques s'inscrivent dans cette continuité (connectée avec l'histoire de l'art) tout en permettant des ouvertures nouvelles. *Digital art covers a lot of different practices and forms.*

For us THE INSTALLATION RULES SUPREME:
it's an extension of the other contemporary visual arts. The digital arts can come out of solitary confinement now: through digitisation we've acquired the capacity to integrate concepts that were beyond the reach of Modern Art. The digital arts are part of a continuity – art history – while at the same time opening new windows of opportunity.

tomotaka takahashi

On ne peut pas
diviser ces choses,
elles font partie de nous
aujourd'hui !
You can't make a distinction,
art and the digital are both a part of us today!

C'est intéressant de voir comment on a évolué dans la terminologie : « arts électroniques », « arts médiatiques », « arts intermédias », « nouveaux médias », « arts numériques », « art digital »…

c'est un peu le problème qu'on a eu avec la vidéo et notamment la vidéo danse car au début, on ne savait pas comment appeler ce champ-là. Personne ne met en question les technologies numériques mais

qu'en est-il de l'interdisciplinarité ?

Intervient-elle forcément ?

Globalement les procédés numériques attachés aux outils et logiciels peuvent constituer une base de définition pour ce type d'art.

It's interesting to see how the terminology has evolved: electronic art, media arts, intermedia arts, new media, digital art. It's a bit like the problem we had with video, and video dance especially; we didn't know what to call it. No one is questioning digital technology, but

what about the crossdisciplinary aspect?

Does it necessarily play a part? Overall the digital processes that underlie tools and software can provide the basis for a definition of this kind of art.

andrea davidson

christian jacquemin

LES ARTS NUMÉRIQUES NE DÉFINISSENT PAS PLUS UN CHAMP ARTISTIQUE QUE LA PEINTURE À L'HUILE OU LA SCULPTURE SUR BOIS. L'ART SUR SUPPORT NUMÉRIQUE EST UN LIEU DE CONFRONTATION ENTRE ARTISTES ET SCIENTIFIQUES OÙ

la technique est un alibi.

Les mots-clés de quelques enjeux futurs : « (télé)présence, cyborgs, corps transparents, clonages comportementaux, contrôle et analyse des émotions, web-friches et interstices sociaux ». Quelques domaines en décroissance : « les deuxièmes mondes, le web art, l'art programmé, l'intelligence collective ».

"Digital art" is no clearer a definition of a field of art than "oil painting" or "wood sculpture". Art using digital media is a locus for confrontation between artists and scientists in which

the technology is just an excuse.

A few crucial keywords for the future: "(tele)presence, cyborgs, transparent bodies, behavioural cloning, emotion analysis and control, web brownfields, social interstices". And a few negative growth areas: "second worlds/digital environments, web art, programmed art, collective intelligence".

« Il n'y a pas à proprement parler d'art numérique mais des artistes qui s'emparent des supports numériques pour en faire un matériau artistique » observe François Rastier.

Cette manière d'envisager la question des arts numériques me semble refléter tant les pratiques artistiques actuelles utilisant des technologies numériques que leur inscription institutionnelle. Cette approche globale, à distance des pratiques spécialisées, permet de défendre la présence des technologies numériques dans les institutions de droit commun et de faire partager ses enjeux par un large public.

franck bauchard

"Strictly speaking", François Rastier has said, *"there's no such thing as digital art; there are artists who use digital media for artistic purposes"*.

This point of view seems to me to reflect both current digital art practices and the way they fit into the official art system. Because it's at a clear remove from specialised practices, this all-embracing approach justifies the presence of digital technology in art institutions and so enables its artistic implications to be shared with a wide audience.

julie bougard & marc stephan

CE SONT DES FORMES ARTISTIQUES EN CONSTANTE ÉVOLUTION, SOUVENT ENNUYEUSES QUAND IL S'AGIT JUSTE DE JOUER AVEC DE NOUVEAUX PROGRAMMES DÉVELOPPÉS PAR LES INGÉNIEURS.

C'EST DIFFICILE CAR LES NOUVELLES TECHNOLOGIES SONT COMME DES NOUVEAUX JOUETS ATTRACTIFS.

MAIS NOUS PENSONS QUE NOUS AVONS BESOIN DE DISTANCE PAR RAPPORT AUX NOUVELLES TECHNOLOGIES POUR LES COMPRENDRE ET POUR LES METTRE EN CONTEXTE. CE N'EST PAS DE L'ART D'UTILISER DES NOUVELLES TECHNIQUES ET DE BÂTIR SON IDÉE SUR L'UNE D'ENTRE ELLES CAR DANS UN FUTUR PROCHE, TOUT LE MONDE Y AURA ACCÈS ET LES UTILISERA.

L'originalité a besoin de distance.

It's a question of art forms that are in a state of constant evolution — and often boring when all that's involved is playing with new programmes devised by computer engineers. It's a tricky situation, because the new technologies are like tempting toys.

OUR FEELING IS THAT SOME OBJECTIVITY IS NEEDED IF WE'RE TO UNDERSTAND THE NEW TECHNOLOGIES AND PUT THEM INTO CONTEXT.

It's not art to take some new technology gambit and make a whole concept out of it, because in the near future everyone will be able to do it.

Originality requires objectivity.

gong jow-jiun

Using computers and the new media we can analyse, for example, light, sound, motion and space, and so look for different, "artificial" effects. But then there's the problem of the interfaces that human beings can't activate...

Avec les ordinateurs et les nouveaux médias, on peut analyser la lumière, le son, le mouvement ou encore l'espace, par exemple, pour chercher d'autres effets dits « artificiels » mais se pose *le problème des interfaces* QUI NE PEUVENT ÊTRE MISES EN ACTION PAR DES HUMAINS...

armando menicacci

Il s'agit d'un art dans lequel *le code est le matériau central, indispensable et insubstituable d'une œuvre.*

We're talking about art in which ***THE CODE IS THE CENTRAL,*** indispensable, irreplaceable ***MATERIAL THE WORK IS MADE OF.***

myriam gourfink

Ce qui m'intéresse, c'est le code et l'écriture.

La création numérique serait un nouveau départ pour requestionner tous les codes culturels qui nous régissent avec des cloisonnements et à partir de là, c'est une ouverture pour de nouveaux langages.

WHAT INTERESTS ME IS *CODES* AND *WRITING*. DIGITAL ART CAN BE SEEN AS MAKING A FRESH START BY REQUISITIONING ALL THE CULTURAL CODES THAT FORCE US INTO PIGEONHOLES. *This gives us a window onto new idioms.*

siegfried canto

Je laisse ce challenge aux théoriciens !

Parlait-on d'« art numérique » lors des 9 Evenings de New York en 1966 [une collaboration historique entre des artistes de disciplines différentes dont John Cage, Lucinda Childs, Robert Rauschenberg et Steve Paxton et des ingénieurs associés pour 9 performances — NDR] ? Je préfère le terme de « dramaturgies plurielles » qui me semble plus juste. L'utilisation des « nouvelles technologies » n'est pas une fin en soi, c'est tout au plus un outil ou un moyen. Je viens de l'univers musical et là nous parlons plus volontiers de « temps réel ». *Y aurait-il un temps irréel ?*

I'M LEAVING THIS CHALLENGE TO THE THEORETICIANS!

Was there any talk of "digital art" at the 9 Evenings in New York in 1966, that historic 9-performance collaboration between artists from different disciplines like John Cage, Lucinda Childs, Robert Rauschenberg and Steve Paxton? I prefer the term "plural idioms", which seems more accurate to me. The use of "new technology" isn't an end in itself. *AT MOST IT'S A TOOL OR A RESOURCE.* I come from the world of music, where we have no trouble talking about "real time". *Is there such a thing as unreal time?*

The digital arts are the technological manifestations of the art of today. Scientific research means we can invent ***other artistic forms of representation of the human body, or of light, etc.***

huang yi

Les arts numériques sont les formes technologiques de l'art d'aujourd'hui. À partir de la recherche scientifique, on peut inventer d'autres formes artistiques de représentation du corps humain ou encore de la lumière…

normand marcy

« ART NUMÉRIQUE » SOUS-ENTEND TRANSDISCIPLINARITÉ, L'APPARITION D'UN AUTRE LANGAGE.

Nous venons d'un univers analogique et nous tombons dans le numérique ; une espèce de transduction qui doit s'opérer entre l'analogique et le numérique, cela veut dire qu'il faut créer une autre scène pour un autre type de corps [pas nécessairement nouveau] ; c'est un **nouveau territoire de recherche.**

"DIGITAL ART" NECESSARILY IMPLIES CROSSDISCIPLINARY APPROACHES AND THE APPEARANCE OF A DIFFERENT LANGUAGE.

We've fallen out of the analogue universe into the digital one: there's a kind of transduction between analogue and digital, which means having to create a different stage for a different [but not necessarily new] kind of body. There's ***a whole new research territory*** *here.*

corps

en scène

01

évolutions de l'espace scénique

the changing performance space

la technique, base de la dramaturgie

technology as the basis of drama

Philippe Baudelot

Les techniques et les œuvres d'art ne sont pas liées par de simples relations mécaniques. Si l'expression théâtrale n'est pas le simple produit de la technique, elle ne peut en être distinguée. Cet article propose un rapide panorama des relations entre la technique et la scène au cours de l'histoire occidentale.[1]

The relationship between technology and works of art is not simply mechanical. But while the theatre is not merely the product of technology, it cannot exist without it. This article offers a quick overview of the relationship between the two in the course of Western history.[1]

Philippe Franck

Scène du mystère de la mort-résurection d'Osiris. Fresque, Thèbes, 3200 A.C.

Théâtre de Dyonisos, Athènes

Pour les Grecs, le spectacle consistait à rendre visible l'invisible grâce au jeu des acteurs et des danseurs mais aussi à la dramaturgie, à la scénographie, à la technique, comme l'explique Jean-Pierre Vernant : « *Avec la tragédie, le public voit les héros sur scène, en train d'accomplir leurs exploits. Les héros sont là, devant la foule, en chair et en os, comme s'ils étaient vivants. Quand l'Athénien du V*ème *siècle voit Agamemnon, Clytemnestre ou Oreste se promener sur la scène, il sait bien qu'il a affaire à ce que nous appellerons plus tard 'l'illusion théâtrale'. Il comprend évidemment que c'est un spectacle qui est monté, organisé, avec des problèmes de perspective et de décor qui se posent dès le départ. La tragédie suppose et fabrique à la fois la conscience du fictif* ». Cette relation entre la technique et l'art de la scène dure encore.

For the Greeks drama consisted in making the invisible visible through actors and dancers — but also through dramatic art, scenography and technology, as explained by Jean-Pierre Vernant, historian, anthropologist and specialist in Greek mythology: "*In tragedy the audience sees the heroes accomplishing their exploits on stage. The heroes are there before the crowd in flesh and blood, as if they were living. When the 5th century Athenian sees Agamemnon, Clytemnestra or Orestes moving across the stage, he is fully aware that what is at work is what we would later call the 'theatrical illusion'. Obviously he understands that this is an organised performance which from the start poses problems of perspective and set design. Tragedy both presupposes and manufactures an awareness of the fictive*". This relationship between technology and the art of the stage still lives on.

1
Il faut toutefois rappeler en préalable à la suite de Pierre Francastel qu'on « *observe à chaque époque une métamorphose parallèle (même si elle n'est pas toujours simultanée et si parfois elle apparaît conflictuelle) de l'objet dans la pensée plastique, dans la pensée technique et scientifique, dans la pensée politique et dans la pensée philosophique et religieuse* ». On ne trouvera pas cette analyse. C'est volontaire.
Even so, in the wake of Pierre Francastel it must at once be pointed out that "*During each era we observe a parallel (even if not always simultaneous, and sometimes seemingly conflictual) metamorphosis of the object in terms of visual thinking, technological and scientific thinking, political thinking and philosophical and religious thinking*".

Comédie Française, Paris

Théâtre antique à Roquebrune

La machinerie, élément central du théâtre
En 1641, Giacomo Torelli centralise, au Teatro Novissimo de Venise, la manipulation des décors. La scène se dilate dans trois directions. Le théâtre à l'italienne, boîte optique et magique, est né. La dramaturgie moderne apparaît avec un rituel du spectacle et une nouvelle relation du public aux acteurs et danseurs. La machinerie se perfectionne. La Bruyère s'écrie au XVIIème siècle : « *Si vous allez derrière un théâtre, et si vous nombrez les poids, les roues, les cordages, qui font les vols et les machines ; si vous considérez combien de gens entrent dans l'exécution de ces mouvements, vous direz : sont-ce là les principes et les ressorts de ce spectacle si beau, si naturel ? C'est prendre, et cultiver un mauvais goût, que de dire que la machine n'est qu'un amusement d'enfant. Elle augmente et embellit la fiction, soutient dans les spectateurs cette douce illusion qui est tout le plaisir du théâtre, où elle jette encore le merveilleux* ».

Machinery as a core aspect of the theatre
At the Teatro Novissimo in Venice in 1641, Giacomo Torelli centralised the shifting of sets, and the stage expanded in three ways. Proscenium arch theatre, that magic optical box, was born and the modern drama made its appearance with its own performance ritual and a new relationship between the audience and the actors and dancers. The machinery became more sophisticated and La Bruyère wrote, "*If you go behind a theatre and you count the weights, wheels and ropes that make people fly and the machines work; and if you consider how many people are involved in the execution of these movements, you will ask, Are these the principles and the motive forces of a spectacle so beautiful and so natural? It is tasteless to say that the machine is only childlike fun. For it heightens and embellishes the fiction, and underpins for the spectators the sweet illusion that constitutes all the pleasure of the theatre, and into which the machine still injects the marvellous*".

Removal of spectators made the stage truly a space for drama and bodies. When choreographer Filippo Taglioni's *La Sylphide* was presented at the Paris Opera in 1832, the stage designer was Louis Daguerre. Like the idealised pure woman, the dancer must not seem subject to the law of gravity, and the machine that swept her into the air was part of the same meaning-system as her swelling gauze skirts and pointed shoes.

La disparition des spectateurs de la scène fait de la scène l'espace de la dramaturgie et des corps. Quand *La Sylphide* est créée à l'Opéra de Paris en 1832 par Filippo Taglioni, le décorateur en est Louis Daguerre. La danseuse, à l'image de la femme pure, ne doit pas sembler soumise à la loi de la gravité. La machinerie qui l'emporte, dans les airs, va dans le même sens que les juponnages de gaze gonflants et les chaussons à pointe…

Electric light as the foundation of the modern stage

For Sally Jane Norman, director of the Culture Lab at the University of Newcastle in the UK, "*Electric light, being powerful and mobile, enables us to explore/exploit the whole stage and its most distant parts; whereas before, the feebleness of limelight restricted actors and dancers to the front of the stage*". This 'technological' opening-up of the dramatic space was fundamental to the presentation of modern drama.

Richard Wagner at Bayreuth was one of the first to make use of it. In the field of dance, the electrician Loïe Fuller explored and experimented: for the Universal Exposition of 1900 she created a theatre using mobile coloured spotlights and projection of slides. Her plan was to endow all the spatial and choreographic components with aesthetic unity: architecture, sets, stage configuration, placing of the audience, acoustics, music, costumes and so on.

La lumière électrique fondement de la scène moderne

Pour Sally Jane Norman, directrice du Culture Lab de l'Université de Newcastle en Grande-Bretagne : « *L'éclairage électrique, puissant et mobile, permet d'explorer/exploiter l'ensemble du plateau et les profondeurs du plancher alors qu'auparavant le faible éclairage de la rampe cantonnait les acteurs et les danseurs sur le devant de la scène* ». Cette ouverture 'technologique' de l'espace scénique est fondatrice pour le spectacle vivant moderne.

Richard Wagner en est un des premiers utilisateurs à Bayreuth. Dans le domaine de la danse, Loïe Fuller, l'électricienne, explore et expérimente. Pour l'Exposition universelle de 1900, elle crée un théâtre où elle utilise des projecteurs mobiles et colorés et recourt à des projections de diapositives. Son projet est d'intégrer dans une esthétique cohérente toutes les composantes de l'espace et de l'action chorégraphique : architecture, décoration, configuration de la scène, positionnement du public, acoustique, musique, costumes…

Laterna Magika, théâtre créé par Joseph Svoboda à Prague

Georges Méliès crée le cinéma à la même époque. Il en invente le montage et les trucages, c'est-à-dire l'écriture. Il filme Loïe Fuller. Guillaume Apollinaire dit de lui : « *Monsieur Méliès et moi faisons à peu près le même métier, nous enchantons la matière vulgaire* ». Le cinéma est vite adjoint à la scène et le réalisateur Abel Gance remarque en 1922 : « *L'adjonction de l'image et de la réalité confère à l'image et à la réalité une dimension nouvelle, une sorte de quatrième dimension qui enrichit incontestablement un spectacle. À mon avis, les arts ne visent qu'à cela. Il s'agit de créer une dimension nouvelle dans l'esprit des spectateurs* ».

Explorer de nouvelles dimensions avec l'image

Dès lors, les scénographes, dramaturges et chorégraphes explorent de nouveaux imaginaires. Ils fondent la scène moderne et lancent des idées depuis largement exploitées. En 1923, Vsevolod Meyerhold recourt pour *La Terre cabrée* à des projections sur un écran suspendu en haut du cadre de scène pour introduire réalité et actualité. En 1927, Walter Gropius et Erwin Piscator imaginent un projet de « *théâtre total* », devant mettre en œuvre « *tous les moyens spatiaux susceptibles d'arracher le public à son indolence intellectuelle, de le bouleverser et de le forcer à prendre une part effective à l'action* ». Ce projet de théâtre circulaire et modulable, où les acteurs doivent jouer au milieu du public, intègre des écrans. Il ne sera jamais réalisé.

En juin 1928, les Ballets Russes créent au Théâtre Sarah Bernhardt, *Ode*, chorégraphié par Léonide Massine avec des décors de Pavel Tchelitchev. Ce dernier constitue le décor de fond de scène par des projections cinématographiques et peint sur les maillots des danseurs des lignes et des cercles phosphorescents.

Ce mouvement est relancé dans les années 1950. Trois artistes jouent alors un rôle fondamental. Josef Svoboda scénographie en 1958 un spectacle appelé *Laterna magika*, travaillant uniquement en associant des projections, de la danse, de la lumière, de la pantomime. Ce titre a ensuite été donné à un théâtre qui existe toujours à Prague dont Josef Svoboda, fut directeur artistique.

Jacques Polieri, metteur en scène français, fondateur avec Le Corbusier des festivals d'art d'avant-garde, invente des lieux scéniques de conception révolutionnaire, notamment le « *théâtre du mouvement total* » de l'Exposition universelle d'Osaka en 1970 et des jeux de communication vidéo pour une rue des Loisirs aux Jeux Olympiques de Munich en 1972. Ses recherches ou conceptions concernent tant la vidéo projection (dès 1964) que les communications par satellite (1970) puis, à la fin de sa vie, sur Internet. Pour lui, grâce aux technologies modernes, les limites formelles du spectacle ne doivent être soumises qu'à la volonté des artistes.

Enfin, n'oublions pas Nicolas Schöffer et son *CYSP 1* (1956), première sculpture interactive dotée de capteurs qui fit son apparition sur scène au Théâtre Sarah Bernhardt à Paris en 1956 sur une musique de Pierre Henry, puis quelques mois plus tard, avec le Ballet de Maurice Béjart sur le toit de la Cité Radieuse de Le Corbusier, au Festival d'Art d'Avant-Garde de Marseille.

Il n'est guère possible de terminer un tel article sans mentionner la pièce que l'on peut considérer à la fois comme l'aboutissement de ce mouvement et la fondation du spectacle dit numérique. Il s'agit de *Variations V* créée en 1965 par John Cage, Merce Cunningham avec des images de Nam June Paik. Pour cette performance, l'ingénieur Billy Klüver avait mis au point un système de cellules photoélectriques et de microphones réagissant aux mouvements, aux sons et aux images, pour produire la musique…

Tout était dit, il reste à comprendre et explorer…

At the same time Georges Meliès was creating the cinema. He invented editing and special effects — the idiom, in short. And he filmed Loïe Fuller. Guillaume Apollinaire said of him, "*Monsieur Meliès and I ply pretty much the same trade: we make vulgar stuff delightful*". The cinema was quick to join forces with the stage, and in 1922 film director Abel Gance would comment, "*The addition of the image and reality gives the image and reality a new dimension, a kind of fourth dimension that indisputably enriches the performance. The point is to create a new dimension in the mind of the spectators*".

Using the image to explore new dimensions

So scenographers, playwrights and choreographers began exploring new imaginary spaces, founding the modern stage and launching ideas that would find wide acceptance. In 1923 Vsevolod Meyerhold's staging of *La Terre Cabrée* used a screen suspended above the stage to make the work real and topical. In 1927 Walter Gropius and Erwin Piscator devised a "*total theatre*" that would make use of "*all the spatial means available for wrenching the audience out of its intellectual indolence, get it worked up and force it to take a real part in the action*". Circular, modular, and with the actors in the midst of the public, their theatre also included screens, but nothing came of the idea.

In 1928 the Ballets Russes premièred *Ode* at the Théâtre Sarah Bernhardt in Paris, with choreography by Léonide Massine and sets by Pavel Tchelitchev. Tchelitchev used projected film for the backdrop and painted phosphorescent lines and circles on the dancers' leotards.

When this movement took off again in the 1950s, three artists made a crucial contribution. In 1958 Josef Svoboda did the scenography for *Laterna magika*, a spectacle using only projections, dance, light and pantomime. The title was later given to a theatre (which still exists) in Prague, where Svoboda was artistic director.

French theatre director Jacques Polieri, who with Le Corbusier founded avant-garde art festivals, came up with revolutionary ideas for the stage, among them the "*theatre of total movement*" at the Universal Exposition in Osaka in 1970 and the strictly fun 'video communication games' for the 1972 Olympics in Munich.

Polieri's experiments and designs used video (starting in 1964), satellite communication (1970) and, late in his life, the Internet. As he saw it, modern technology meant that the formal limitations of performance would be purely and simply a matter of what the artists concerned wanted.

Nor should we forget Nicolas Schöffer and his *CYSP 1* (1956), the first sensor-equipped, interactive sculpture: the work made its appearance at the Théâtre Sarah Bernhardt in 1956, with music by Pierre Henry, and a few months later on the roof of Le Corbusier's Radiant City in Marseille, with Maurice Béjart's ballet company performing at the Festival of Avant-Garde Art.

This article would be incomplete if it failed to mention the theatre piece that can be considered both the culmination of this movement and the launchpad for 'digital' performance. The work in question is *Variations V*, presented in 1965 by John Cage and Merce Cunningham, with images by Nam June Paik. Engineer Billy Klüver had set up a system of photoelectric cells and microphones that produced music by reacting to movements, sounds and images.

Everything had been said, and now it only remained to understand and explore.

un interstice impalpable
les mutations de l'espace théâtral opérées par les technologies numériques

an impalpable gap
digital technology & spatial change in the theatre

Armando Menicacci

Au XXème siècle, l'histoire du théâtre en Occident a été jalonnée par des successives remises en question de la forme de création et de l'espace de performance. L'*Happening*, les formes de théâtre de rue, les performances d'action urbaine, les *Events* font que, évidemment, le théâtre à l'italienne et la situation frontale ne sont plus les seuls lieux où les performances de danse et de théâtre ont lieu. De nos jours, il existe une autre transformation plus récente des espaces de performance liée à l'arrivée des technologies de l'information et de la communication. Or, si celles-ci ont fait leur entrée au théâtre dès les années 70, ce n'est que récemment qu'elles sont entrées dans la conception de la création elle-même. La numérisation des rapports, des échanges, des transactions et des identités apporte un renouveau du tissu des relations qui redéfinit également les scènes théâtrales et performatives.

In the course of the 20th century the history of the theatre in the West has been marked by successive questionings of form and performance space — Happenings, street theatre, urban action performances, Events — with the result that the proscenium arch and frontality are no longer the sole channels through which dance and drama find their audience. However, another kind of change has come to performance spaces, one linked to the rise of information and communication technology; and while this technology first emerged in the theatre in the 1970s, it is only recently that it has begun to influence theatrical presentation. Implicit in today's digitisation of relationships, trade, transactions and identities is a structural shift that also impacts the stage.

Philippe Franck

Que ce soit l'espace mental du bureau de l'ordinateur, du paysage que composent nos disques durs, téléphones portables, *iPods* ou nos sites Internet, notre cadre de vie change de lieu et d'autres plateformes de perception et de communication multiplient leurs encastrements et leurs arêtes composant l'environnement hybride et dentelé que nous habitons. Tout cela a évidemment influencé et modelé les codes de la représentation théâtrale ainsi que les lieux où elle s'effectue, au sens large comme *stricto sensu*.

Nous allons ici nous pencher sur la manière dont les technologies transforment le théâtre comme lieu physique, mais aussi voir comment celles-ci ont permis d'inventer de nouveaux lieux de la représentation.

Whether it be within the mental space of the desktop, or of the landscape comprising our hard drives, cell phones, *iPods* and websites, our living environment is moving somewhere else: other perception and communication platforms are providing the host of niches and outcrops making up the hybrid, serrated environment we live in. All this has clearly influenced and modelled theatrical representation: its codes and, in both the strict and the broad sense, its venues.

My intention here is to look into the way technology is not only physically changing the theatre, but has also led to the creation of new loci of representation.

La scène renouvelée

Nous réfléchirons donc autour des modifications de l'espace scénique opérées par les technologies et plus précisément du nouveau potentiel d'action performatif spécifiquement induit par les technologies numériques dans l'espace de représentation. Or, sauf dans les écrits des spécialistes, quand on parle d'espace (scénique ou pas), nous sommes souvent confrontés à une ambiguïté d'usage à propos de laquelle il faut qu'on se positionne. Tout espace peut être décrit avec des référents objectifs[1] (ses mensurations, ses couleurs, son positionnement géographique, etc.) mais également avec des référents intimement liés à celui qui l'observe (les signifiés qu'il lui prête, les émotions, les souvenirs, les associations qu'il suscite chez lui, comment il s'y situe, comment il le traverse, etc.). On peut donc dire que pour tout espace particulier vaut ce que Edmund Husserl dit du temps : comme il y a un temps objectif, chronométrique, et une durée subjective, il y a un espace ordinal géométrique (qu'on appellera ici le topos), un espace que l'on mesure et un espace investi, un espace vécu (le lieu) une étendue que l'on respire.

Michel Foucault parle des hétérotopies et des hétérochronies localisées que sont pour les enfants le lit des parents sous lequel on se cache comme une dans une caverne, la tente d'indiens dressée au milieu du grenier, etc. Le théâtre est le lieu hétérotopique et hétérochronique par excellence, même s'il est localisé sur une carte à un temps déterminé dans le calendrier de tous les jours[2]. Or, sans parler spécifiquement du lieu de spectacle tout lieu peut être troublé, illuminé ou peut être déchiré par une présence particulière, mais le théâtre, *a fortiori*, est la structure architecturale par excellence qui favorise, stimule et promeut ces modulations de la perception de l'espace par le geste et la présence. S'il est clair pour tout passionné de théâtre que chaque geste peut moduler l'espace de représentation, peut le vectoriser, le densifier, le raréfier et l'articuler, il est clair aussi que ces opérations sont moins sur l'espace lui-même que sur la perception que nous en avons — que l'on joue ou que l'on y assiste en tant que spectateur.

Regenerating the stage

I shall examine, then, the concrete changes technology has brought to the stage space as such and, more specifically, the new performance potential it has introduced into that space. Except in the writings of specialists, references to space, whether referring to the stage or not, often confront us with a linguistic ambiguity I should like to rectify. Any given space can be described in terms of objective referents[1] — measurements, colours, geographical location, etc. — but also of referents intimately connected to the person doing the observing: the signifieds he attributes to it, the emotions, memories and associations it calls up in him, where it is situated, how he traverses it, etc. In this case, then, Husserl's model of time is also applicable to any given place: just as there exist both objective, chronometric time and subjective duration, there exists too an ordinal geometrical space which I shall refer to here as the topos: a space that is measured; and a space — a locus — that is occupied and experienced, with which one is imbued.

Michel Foucault makes reference to the heterotopias and localised heterochronies which for children are the parental bed in which one hides as in a cave, the tepee set up in the attic, etc. The theatre is the iconic heterotopia and heterochrony, even if located on a map at a fixed moment in the everyday calendar[2]. Any place, and not just one dedicated to performance, can be disturbed, illuminated or disrupted by a specific presence; this is all the more true of the theatre, the architectural structure *par excellence* in terms of encouraging, stimulating and promoting perceptual modulations of space via movement and presence. While it is clear to any theatre lover that each movement can modulate the representation space — can vectorise, densify, rarify, articulate it — it is equally the case that the impact of these actions is less on the space as such than on our perception of it. And this whether one is performer or spectator.

1
Nous entendons ici comme objectivité une intersubjectivité d'individus partageant un même jeu de langage. Le volume, la densité, la conductivité, la couleur, ne sont objectivement telles qu'à l'intérieur d'un groupe qui s'accorde pour nommer ces phénomènes d'une manière déterminée.
By "*objectivity*" I mean here the intersubjectivity of individuals sharing the same language set. Volume, density, conductivity and colour are only objectively such in within a group that agrees to name these phenomena in a predetermined way.

2
M. Foucault, *Dits et écrits*, 1980-1988. Paris : Gallimard, 1994, édités par D. Defert & F. Ewald., t.I
Michel Foucault, *Dits et écrits*, 1980–88. Paris: Gallimard, 1994, edited by D. Defert & F. Ewald, vol.1

On peut commencer par dire que les technologies numériques opèrent un premier renouveau de la scène physique que nous appelons 'théâtre' : si jusqu'ici un geste pouvait malaxer et travailler la perception de cet espace de la part d'autrui, les gestes du performeur permettent aussi, par le biais des interfaces numériques, de le modifier physiquement ouvrant une nouvelle relation entre un artiste, un spectateur et un espace. Autrement dit, si les rapports entre un créateur et son environnement travaillaient jusqu'ici sur la symbolique et sur l'émotion des regardeurs, il est possible aujourd'hui d'interagir avec la structure physique du milieu de représentation elle-même. Par le biais d'un geste interfacé et numérisé, il est tout à fait possible de modifier les structures architecturales et / ou scénographiques.

Par ailleurs l'espace théâtral traditionnel, par le biais des interfaces technologiques, est aussi une « *chose sentante* »[3]. De multiples organes de sens peuvent être placés dans ces lieux rendant l'espace sensible. L'artiste et théoricien Robb Lovell, parle à ce propos de « *intelligent stage* », scène intelligente[4]. Nous préférons plutôt, en accord avec Mario Perniola, que la scène devient « *scène sentante* », sensible à la présence et aux gestes des performeurs.

Le lieu de performance n'est plus simplement le réceptacle du spectaculaire, il acquiert la capacité non seulement d'être sensible à ceux qui y évoluent, mais aussi d'être modulé même physiquement par la présence des destinataires qui ne sont même pas physiquement présents. Il peut aussi s'ouvrir sur l'extérieur, se connecter à des endroits éloignés. Ce qui nous apparaît le plus novateur quant au renouveau technologique de la scène traditionnelle occidentale, c'est sa capacité d'amener et de redessiner les relations entre les présences humaines et les éléments plastiques dans la proposition artistique.

One could begin with the observation that digital technology is bringing change to the concrete reality of the space we call 'theatre'. Formerly a movement could knead and rework the spectator's perception of the space; but now, via the use of digital interfaces, the performer's movements can modify it physically and so institute a new relationship between artist, spectator and space. In other words, if the relationship between a creator and his setting was hitherto founded on the symbolic and the emotions of the audience, it is now possible to interact with the physical structure of the performance venue itself: a digitised, interfaced movement now enables modification of the actual architectural and/or scenographic structures.

Moreover the traditional theatre space, when acted on via technological interfaces, is also a "*feeling thing*".[3] All sorts of sense organs can be introduced into these places to make the space sensory. Artist/theoretician Robb Lovell has spoken of an "*intelligent stage*"[4], but I, with Mario Perniola, prefer a "*feeling stage*", sensitive to the presence and the movements of the performers.

Thus the performance venue is not only a container for what is being presented: it takes on the capacity not only to react to the people moving about within it, but also to be modulated — including physically — by an audience which itself is not even physically present. It can also build bridges to the outside, be connected to distant places. What seems to me the most innovative aspect of the technological transformation of the traditional Western stage is its ability, in the context of artistic creation, to foreground and reshape the connections between human presence and visual elements.

3
Cf. Perniola M., *Il sex appeal dell'inorganico*, Torino, Einaudi, 1994. Trad. fr. *Le sex appeal de l'inorganique*, Paris, Scheer, 2003.
Cf. Mario Perniola, *Sex Appeal of the Inorganic*, tr. Massimo Verdicchio, Continuum, 2004.

4
Lovell R., *L'intelligenza artificiale a teatro*, in A. Menicacci E. Quinz *La scena Digitale. Nuovi media per la danza*, Venezia, Marsilio, 2001, pp. 349-359.
Robb Lovell, *L'intelligenza artificiale a teatro*, in A. Menicacci, E. Quinz (eds.), *La scena Digitale. Nuovi media per la danza*, Marsilio, Venice, 2001, pp. 349–59.

5
Cf. Bourriaud N., *Pour une esthétique relationnelle I*, in « Documents sur l'art », printemps 1995, n°7, pp. 88-99. *Pour une esthétique relationnelle II*, in « Documents sur l'art, printemps » 1996, n° 8, pp.40-47 ; et surtout *L'esthétique relationnelle*, Paris, Presses du Réel, 1998.
Cf Nicolas Bourriaud, "*Pour une esthétique relationnelle I*", in *Documents sur l'art*, spring 1995, no.7, pp. 88–99; "*Pour une esthétique relationnelle II*", in *Documents sur l'art*, spring 1996, no.8, pp.40–47; and especially *Relational Aesthetics*, Paris, Presses du Réel, 1998.

6
Cf. www.bigroom.co.uk/fun-and-games/web-dances comme premier exemple d'œuvres chorégraphiques pensées pour Internet ou de nombreux exemples depuis. www.somnambules.net pour un exemple français plus récent.
Cf. www.bigroom.co.uk/fun-and-games/web-dances for the first example of choreographic works designed for the Internet and many subsequent ones. www.somnambules.net offers a more recent French sample.

7
Chorégraphie interactive numérique d'Andrea Davidson.
Interactive digital choreography by Andrea Davidson.

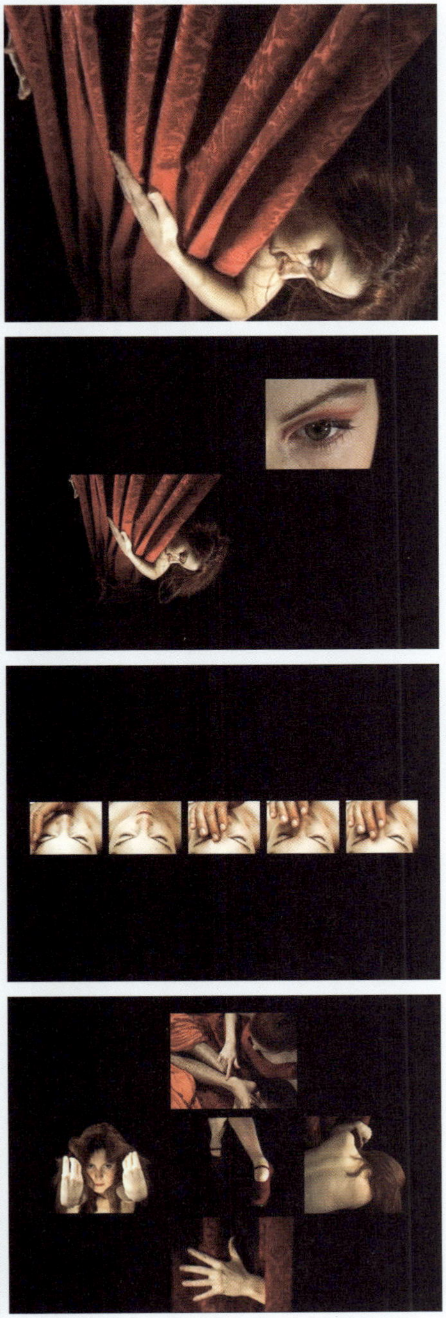

La Morsure d'Andrea Davidson

L'aspect relationnel, qui est central dans beaucoup de littérature actuelle sur l'art contemporain[5], devient partie intégrante de l'œuvre, un élément de sa constitution. Le texte de l'œuvre qui utilise des dispositifs numériques n'est plus comme celui d'une œuvre plastique et performative plus traditionnelle. La connexion, la mise en rapport que ces dispositifs par leur jouabilité, leur manipulabilité ouvre la possibilité d'agencements différents des médias convoqués, forment un nouveau tissu (un nouveau texte l'on pourrait dire) qui constitue le corps et parfois le corpus de l'œuvre. Celle-ci est un tissu, donc, non entièrement figé, un réseau de flux. Plus que des médias (audio, vidéo, textes et images et corps en mouvement) nous sommes invités à rejoindre des champs plastiques mis en scène spatialement et relationnellement. Nous sommes ainsi appelés à les interroger et à baigner dans le travail sur l'action (à une dramaturgie) que cette relation engendre, ou tend à engendrer, renouvelant la consistance, la texture et la densité de l'espace de performance. Celui-ci est vectorisé, tendu et orienté parce que capable d'écouter et de réagir à l'action de l'interprète et / ou du destinataire de l'œuvre.

Une nouvelle scène

La scène traditionnelle redéfinie par le travail du flux des données devient un espace renouvelé. Mais il y a aussi une toute nouvelle scène que l'on pourrait appeler 'scène numérique'. Elle s'actualise seulement à l'intérieur des dispositifs permettant l'accès aux œuvres sur Internet ou sur supports hors-ligne, c'est-à-dire sur des ordinateurs. Comme pour les webdances œuvres de Richard Lord[6] ou la vidéodanse interactive *La morsure* d'Andrea Davidson sur CD ROM[7]. Le DVD ROM *Capturing Intentions*, dans le livre homonyme publié par l'Ircam (Institut de Recherche et Coordination Acoustique / Musique) en février 2008 propose un espace hybride de livre papier, un DVD vidéo et un DVD Rom conçu comme un réseau hypermédia dans lequel la lecture devient aussi performance au travers de la navigation imaginée par Chris Ziegler et les dispositifs interactifs de Frédéric Bevilacqua. Ce travail a aussi une extension dans une installation interactive.

The relational aspect central to much of today's writing on contemporary art becomes an integral part of the work[5], one of its basic components. The text of a work that uses digital devices no longer resembles that of a more traditional visual, performative work. The connections and relationships generated by the playability and pliability of these devices pave the way for new orderings of the media in question and form a new fabric — a new text, you might say — which constitutes the body, and sometimes the corpus, of the work. So the work is a structure not totally frozen, a network in a state of flux, and we are invited to come to terms not so much with media — audio, video, text, images, bodies in motion — as with spatially and relationally staged visual domains. Thus we are called on to speculate about them and immerse ourselves in the handling of the action — the theatre piece — this relationship engenders, or tends to engender in its regeneration of the consistency, texture and density of the performance space. This space is vectorised, stretched and oriented because it is able to listen and react to the movements of the performer and/or of the intended audience.

A new stage

Redefined by the use of data flows, the traditional stage becomes a regenerated space. But there is also a totally new stage we could call the 'digital stage', which takes shape solely within the systems providing access allowing for access to works on the Internet or offline: computers. Examples are Richard Lord's[6] 'webdances' and *La Morsure*, Andrea Davidson's interactive video-dance on CD-Rom[7]. The DVD-Rom *Capturing Intentions*, which comes with the book of the same title, published by Ircam, the experimental music body in Paris, offers a hybrid space: paper, a DVD video and a DVD-Rom seen as a hypermedia network in which the act of reading also becomes a performance via Chris Ziegler's navigation and Frédéric Bevilacqua's interactive systems. This work has also been extended to form an interactive installation.

Or, vouloir trouver les traits communs des manières avec lesquelles les technologies transforment ces espaces relève de la gageure. Non seulement ceux-ci ont une théorie de caractéristiques propres, mais on pourra toujours trouver une œuvre pour laquelle nos réflexions sembleraient forcées.

Espace interactif, espace/réseau

Si les technologies modifient donc l'espace théâtral traditionnel en le vectorisant par le portage des outils sensibles agencés par la pensée de l'interactivité, Internet et les supports hors-ligne créent, eux, des espaces de performance entièrement nouveaux. En général, et donc pour la danse aussi, ces spécificités sont éminemment transitoires et il est difficile d'en établir un profil certain. Internet passe à présent non seulement par des lignes téléphoniques filaires ou aériennes, mais aussi par le câble, le satellite et par le réseau de courant électrique. La forme que nous connaissons aujourd'hui d'Internet est liée aux écrans des ordinateurs fixes ou ayant une mobilité et un débit réduit. Personne ne peut imaginer ce qui se passera dans dix ans.

Néanmoins, Internet est caractérisé par au moins deux aspects fondamentaux vis-à-vis de la performance. D'un côté, il s'agit d'un espace permettant le déplacement de l'information au lieu du déplacement de celui qui la recherche. Le couple ordinateur / réseau est donc à la fois l'objet de création, l'espace de performance ainsi que le vecteur de sa diffusion. Le flux mis en place par le voyage des spectateurs vers un théâtre est inversé puisque nous avons le flux de la performance, la distribution et la multiplication de clones du 'théâtre' chez les spectateurs. Par ailleurs, ces spectateurs ont une nouvelle fonction / possibilité, celle d'injecter leur présence dans la performance par le biais de l'interactivité.

Finding common features in the way technology transforms these spaces is a real challenge. Not only does there exist a theory of the spaces' own characteristics; there is also the constant risk of coming upon a work that makes our speculations seem strained.

Interactive space, space/network

Whereas technology modifies the traditional theatre space by vectorising it with sensory tools and an underlying philosophy of interactivity, Internet and the offline media create entirely new performance spaces. In general — and thus for dance as well — their specific characteristics are highly ephemeral and characterising them is no easy matter. At present the Internet makes use not only of corded telephone wires, but also of cable, satellite and the electricity supply network. Internet as we know it today is tied to the screens of static computers or others with limited mobility and output. No one can imagine what the situation will be ten years from now.

Nonetheless, the Internet is characterised by at least two fundamental features in terms of the performing arts. On the one hand it is a space that substitutes movement of information for movement of the information-seeker. And so the computer/network binome is at one and the same time the means of creation, the performance space and the dissemination vector. The flow of spectators towards a theatre is reversed here, because what we have is the flow of performance, dissemination and multiple 'theatre' clones towards the spectators. In addition the spectators have a new function/possibility, that of injecting their own presence into the performance via interactivity.

Un autre espace de performance se dessine aussi : l'installation interactive. Celle-ci tend à se configurer en quelque sorte comme un lieu 'intermédiaire' entre la scène théâtrale (une scène sentante) et l'écran d'ordinateur en tant que lieu de consultation d'œuvres en ligne ou hors-ligne. En effet, à la différence de l'écran personnel, il y a dans l'installation un jeu scénographique et théâtral qui peut mélanger des éléments interactifs avec des éléments plastiques comme composantes de la dramatisation de l'espace ainsi qu'un fort appel à l'engagement du lecteur / interprète. Celui-ci devient, en effet, un sujet sur lequel l'auteur projette un ensemble particulier de désirs qui sont en quelque sorte chorégraphiques. C'est le lecteur qui en définitive doit trouver sa chorégraphie à l'intérieur du jeu de l'installation. Et, ce faisant, il est renvoyé aux manières de chercher les modulations de sa présence, le jeu de sa propre mise en présence.

Tout espace est percevable à partir de la perspective qu'on y construit : quelle est la perspective d'un espace régi par le geste interfacé et par la manipulabilité des médias ? Une œuvre que l'on sait être interactive (que ce soit pour le public ou pour les seuls interprètes) comporte, comme le dit Jean-Louis Boissier, l'arrivée d'un nouveau type de 'perspective'. En effet, si celle-ci est « *ce par quoi on peut capter ou construire une représentation visuelle* », la conscience de l'opérabilité des médias doit entrer dans la construction d'une nouvelle perspective interactive qui trouve ses fondements dans la jouabilité (ou performativité) du matériau plastique et sonore présenté.[8] En d'autres termes, comme le suggère Boissier, la relation entretenue par les destinataires et / ou les interprètes d'une œuvre est fondatrice d'une nouvelle perspective dans l'histoire de l'art : « *la perspective interactive* ». Ici, la relation de manipulabilité de l'image, du texte, du son et de l'espace prend la place que la géométrie avait dans la construction de l'image dans l'œuvre traditionnelle. On voit apparaître aujourd'hui de nouvelles formes d'œuvre, hybridation entre l'interacteur et le lieu, on pourrait parler d'un « *interprète-lieu* » et un « *lieu-interprète* ».

8
Boissier J.-L., *La perspective interactive*, in *Revue d'esthétique*, « *Autres sites, nouveaux paysages* » n° dirigé par Anne Cauquelin, Paris, 2001, p. 47.
J.-L. Boissier, "*La perspective interactive*", in Anne Cauquelin (ed.), *Revue d'esthétique*, "*Autres sites, nouveaux paysages*", Paris, 2001, p. 47.

And so another performance space takes shape: the interactive installation. This tends to take the form of an "intermediate" space between the theatre stage — a 'feeling stage' and the computer screen as the setting for consultation of works on or offline. Unlike the personally used screen, the installation contains both a theatrical aspect that can mix interactive and plastic elements as components of the dramatisation of the space, and a powerful call for commitment on the reader/performer's part.
The reader/performer becomes a subject onto which the author projects a specific set of desires which are, in a way, choreographic. Ultimately it is the reader who has to find his own choreography in the play of the installation. And in doing so he is called on in different ways to seek modulations of his presence — to play with the establishing of his own presence

Any space is perceptible according to the perspective of the person looking at it: but what perspective is brought to bear on a space governed by interfaced movement and media manipulability? As Jean-Louis Boissier has said, a work known to be interactive — for the audience or just for the performers — embodies the advent of a new type of 'perspective'. If this perspective is "*that via which one can pick up or construct a visual representation*", an awareness of the way the media can be used must be part of the construction of a new interactive perspective based on the usability and sophistication of the visual and sound material presented.[8]
To put it differently, as Boissier suggests, the relationship between the members of the audience and/or the performers of a work is the founding factor for a new perspective in art history: "*the interactive perspective*". Here the reciprocal manipulability of image, text, sound and space takes the place occupied by geometry in the construction of images in the traditional work. Today we are witnessing the appearance of new kinds of works of hybridisation involving the interactor and the place: here we could speak of a "*performer-place*" and a "*place-performer*".

focus sur quelques artistes du mouvement

close-up on some movement artists

thierry de mey | myriam gourfink | hiroaki umeda

From Inside, Sicilia, Vie di Gibellina – Manuela Rastaldi

rythme entre les corps, sens entre les sauts

rhythm between the bodies, meaning between the leaps

Philippe Franck

thierry de mey

Depuis le début des années 80, Thierry De Mey a développé une œuvre polyphonique croisant, avec un égal talent, musique, cinéma et danse. Il est l'un des grands représentants de la vidéo-danse mais s'aventure bien au-delà d'un seul trait d'union. Tout en respectant les particularités des disciplines convoquées, il explore avec assiduité les jeux de circulation, de séduction, les respirations et les tensions entre les formes qui apparaissent comme régénérées par ces rencontres. Avec la performance audio-lumineuse *Light Music* et le dispositif interactif de projection *From Inside* (tous deux présentés à *Bains numériques #2*), il a naturellement investi le champ de la création numérique comme un prolongement de son 'indisciplinarité' enchantée par les mystères et les énergies du corps en mouvement. Au centre de ce labyrinthe des désirs, le rythme du corps / cœur humain et ses battements de sens.

Since the early 1980s Thierry De Mey has been developing an oeuvre built on a fine balance between music, cinema and dance. One of today's leading figures in videodance, he does much more than simply combine genres, however: while mindful of the specific character of each discipline, he meticulously explores the interplay of movement, seduction, respiration and tension between the different forms, which seem to draw new life from these encounters. In his sound/light performance *Light Music* and the interactive projection project *From Inside*, both presented at *Bains numériques #2*, he made the move into the digital creation field as a natural extension of a personal 'indisciplinarity' under the spell of the mysteries and energies of the body in motion. At the heart of this labyrinth of desires lies the rhythm of the human body/heart and its beatings/meanings.

William Forsythe – One Flat Thing, reproduced

« *Il faut avoir un chaos à l'intérieur de soi pour enfanter une étoile qui danse* ». À cette citation de Friedrich Wilhelm Nietzsche chère à Thierry De Mey, pourrait faire écho une autre déclaration du philosophe du *Gai savoir* : « *Nous ne sommes pas de ceux qui n'arrivent à former des pensées qu'au milieu des livres — notre habitude à nous est de penser en plein air, marchant, sautant, grimpant, dansant…* ». Ce compositeur / cinéaste rebelle aux cloisonnements depuis son entrée en 'multi création' aime à dire qu'il « *compose des films et qu'il réalise des musiques* ». On pourrait ajouter, pour continuer dans le déplacement éclairant, qu'il chorégraphie des images, des sons mais aussi des perceptions.

"*You need chaos in your soul to give birth to a dancing star*". To this quotation from Nietzsche so dear to Thierry De Mey we might add another from the author of *The Gay Science*: "*We are not like those who can only formulate thoughts when surrounded by books — our habit is to think in the open air, walking, jumping, climbing, dancing*". Opposed to compartmentalisation since he took up 'multicreation', this composer/filmmaker is fond of saying that he "composes films and directs music". We could add, in the same vein of illuminating displacement, that he is also a choreographer of images and sounds — and of perceptions as well.

Deep in the wood, installation issue de *Ma Mère l'Oye – lux*, Scène Nationale de Valence, avril 2008

1
Rosas danst Rosas a été composé en 1983 avec Peter Vermeersch, également co-fondateur de cet énergétique combo contempo qu'était Maximalist ! où on retrouve aussi Eric Sleichim, Walter Hus, Jean-Paul Dessy (devenus ensuite, à l'instar de Thierry De Mey et Peter Vermeersch, compositeurs phares de la nouvelle scène belge contemporaine ouverte), Jean-Luc Plouvier et François Deppe (piliers de l'ensemble Ictus).
Rosas danst Rosas was composed in 1983 with Peter Vermeersch, co-founder of the energetic contemporary group Maximalist!, whose other members were Eric Sleichim, Walter Hus, Jean-Paul Dessy — like De Mey and Vermeersch they later became leading composers on the new contemporary Belgian scene — plus those pillars of the Ictus ensemble, Jean-Luc Plouvier and François Deppe.

En effet, à tous les étages de cette œuvre audio-visuelle aussi diverse qu'homogène, tout est mouvement. Le « *mouvement créatif, c'est ce qui se passe entre les points, les notes, les gestes, les images A et B* » disait-il voici plus de 20 ans à la sortie d'un concert uppercut de Maximalist ! à l'Ancienne Belgique de Bruxelles ! Dans les interstices, se tisse la composition. Comme, disait Schirren, professeur de rythme à MUDRA, l'école fondée par Maurice Béjart à Bruxelles dont l'enseignement a profondément marqué le jeune percussionniste : « *le rythme est ce qui se passe entre les coups* ». C'est le mouvement chorégraphique, celui d'Anne Teresa De Keersmaeker, complice et *stimulus* des origines, qui a amené Thierry De Mey à composer ces premières œuvres musicales[1] parfaitement adaptées à la rigueur minimaliste mais non dénuée de sensualité de la maîtresse chorégraphe flamande.

At every level of this audiovisual oeuvre, as diverse as it is unified, all is movement. "Creative movement", he said after a hard-hitting Maximalist ! concert at the Ancienne Belgique in Brussels over twenty years ago, "*is what happens between the dots, the notes, the gestures, image A and image B*". The composition takes shape in the interstices. To quote Fernand Schirren, teacher of rhythm at MUDRA, the school founded by Maurice Béjart in Brussels, whose teaching left an enduring mark on the young percussionist, "*Rhythm is what happens between the beats*". It was choreographic movement — that of Anne Teresa De Keersmaeker, his early accomplice and goad — that led De Mey to compose those first musical works[1], whose perfect fit with Minimalist rigour did not exclude the sensuality of the great Flemish choreographer.

L'intuition du mouvement

Entre le rythme de la caméra reprenant, dans un bâtiment public vide, *Rosas danst Rosas*, 20 ans après sa création avec tous les interprètes qui y ont participé, celui de *Love Sonnets* (chorégraphie : Michèle-Anne De Mey) et le cliquetis des briques rouges des danseurs qui dévalent sur une musique de Scarlatti la carrière sous le soleil d'Italie, *Ice*, pièce audio-chorégraphique (intense duo entre violon et violoncelle) pour *Immer das selbe Gelogen* de Wim Vandekeybus et *Silver*, créé en 1997 pour *7 for a secret* de ce même compagnon de route, pour percussions échantillonnées sur instrumentarium non conventionnel[2], tout bouge comme un corps dansant rempli d'une énergie communicatrice.

Mais derrière la musique et les images, il y a un autre rythme profondément corporel, tactile, celui de la main qui balaie le plein et le vide dans *Musique de tables* (créé en 1987 pour trois interprètes assis devant leurs tables devenues instruments qui donna lieu à un film en 1999) mais aussi dans *Light Music* (2004, chorégraphie interactive de son et de lumière pour Jean Geoffroy, chef percussionniste virtuose) ou encore *Silence must be !* (2002) également pour chef solo mais cette fois sans autre musique audible que celle d'un silence cagien. Dans les notes du CD *Pièces électroniques : scies, bonds, empreintes*[3], on peut lire : « *les rythmes génèrent des 'empreintes temporelles', des espaces silencieux entre les accents* ».

Intuiting movement

The rhythm of the camera recording *Rosas danst Rosas* in an empty building, twenty years after the premiere and with all the original performers; of *Love Sonnets*, choreographed by Michèle-Anne De Mey, with the dancers' feet clicking to Scarlatti on the red bricks of a sun-drenched Italian quarry; of *Ice*, the intense audio-choreographic violin/cello duet for Wim Vandekeybus's *Immer das selbe Gelogen*; and *Silver*, sampled percussion over unconventional instrumentation[2] for the same travelling companion's *7 for a Secret* (1997): everything is in movement like a dancing body bubbling over with communicative energy.

But behind the music and the images is another, profoundly corporeal, tactile rhythm: that of *Musique de tables*, written in 1987 for three performers sitting at table-instruments, and filmed in 1999; but also of *Light Music* (2004), an interactive sound and light choreography for virtuoso percussionist Jean Geoffroy; and *Silence Must Be!*, a solo for the same musician, but this time with no audible score other than a Cage-like silence. As the liner notes for the CD *Pièces électroniques: scies, bonds, empreintes*[3] put it, "*The rhythms generate 'temporal imprints', silent spaces between the beats*".

Thierry De Mey explains how in his compositions, and notably in *Musique de tables*, constructed like a Baroque suite, he replaces the silences with impulses and *vice-versa*, so as to create "*complementary rhythms, each suggesting the other*". At rapid tempo, he adds, "*the interplay of thresholds between the organised rhythms and the regular pulsing allows me another ambiguity: between rhythm and pitch*". (Because we know since Stockhausen — as other people know since Fat Boy Slim — that a frequency is also a kind of rhythm. But while rhythmic combinatorial rules interest the composer of *Elastique*[4], the vital thing is "*never to lose the intuition of a leap, of an interplay of rises and falls*".

The musical and filmic arrangements of this master of contrast are perfectly structured, but never formalist: "*You can take algorithms as far as you want as long as you allow the bodies to check them and go beyond them*". Other ways of communicating potentially new contents, interaction with other spaces, temporalities and substances — these are what digital technology offers a creator who, raised on film and drums, is no mindless devotee of techno-aesthetics or of potential isolation in computers for their own sake. Even though in his most recent works, such as the interactive, adaptive[5] *From Inside*, the creative process is complemented by sophisticated technology and research teams from the experimental music body GRAME, their aesthetic remains nonetheless 'analogue'.

Musique de tables, *Bains numériques* #2, octobre 2007

2
Un passage à l'IRCAM (Paris) 1990 ayant élargi le spectre électronique et spatial du compositeur qui n'a pas pour autant adopté une esthétique très 'ircamienne'.
A stay at the IRCAM experimental music centre in Paris in the 1990s extended the composer's electronic and spatial spectrum, but without leading him to adopt a particularly 'Ircamian' aesthetics.

3
Sorti chez *Sub Rosa* (SR193) en 2003.
Released by *Sub Rosa* (SR193) in 2003.

Light Music

Thierry De Mey explique comment dans ses pièces notamment dans *Musiques de tables* construites comme une suite baroque, il remplace les silences par des impulsions et *vice-versa*, pour créer des rythmes complémentaires, l'un sous-entendant l'autre. À grande vitesse, précise-t-il, « *ce jeu de seuils entre les rythmes organisés et la pulsation régulière me permet d'aborder une autre ambiguïté : entre rythme et hauteur* » (puisqu'on sait depuis Stockhausen — et d'autres le savent depuis Fat Boy Slim — qu'une fréquence est aussi une manière de rythme). Si les combinatoires rythmiques intéressent le compositeur de *Elastique*[4], il s'agit avant tout de « *ne jamais lâcher l'intuition du bondissement, d'un jeux d'élans et de chutes* ».

Si les structures musicales et cinématographiques de ce maître du contraste sont parfaitement agencées, elles ne sont jamais formalistes. « *On peut aller aussi loin qu'on veut dans les algorithmes pourvu qu'on autorise les corps à venir les vérifier et les franchir* ». Transmettre différemment des contenus potentiellement nouveaux, interagir avec d'autres espaces, d'autres temporalités et d'autres matières, voilà ce que permettent les technologies numériques à ce créateur élevé à la pellicule et au tambour qui ne se retrouve ni dans l'esthétique technoïde ni dans un possible enfermement dans l'ordinateur pour l'ordinateur. Si ses dispositifs les plus récents comme l'installation interactive et évolutive[5] *From Inside* ont recours à une technologie sophistiquée et à des équipes de chercheurs (en partenariat avec GRAME, Centre National de Création Musicale) qui accompagnent le processus créatif, leur esthétique n'en reste pas moins 'analogique'.

4
Composé pour *Ennesima*, un solo chorégraphique de Manuela Rastaldi (1998) mettant en œuvre un très long élastique tendu sur des micros, pièce pur un seul « *instrument low tech* » traité par un programme relativement limité, lien que fait le compositeur avec les expérimentations *arte povera* des pionniers de l'électro-acoustique.
Composed for *Ennesima*, a dance solo by Manuela Rastaldi (1998) using a long elastic band stretched between microphones. The composer sees a link between this piece for a single "*low tech*" instrument processed by a fairly limited computer programme and the *arte povera* experiments of the pioneers of electro-acoustic.

5
L'interactivité ayant été affinée depuis sa création au Palais des Beaux-Arts de Bruxelles au printemps 2007 puis sa présentation à *Bains numériques #2* en octobre 2007 à Enghien- es-Bains et plus encore pour l'exposition à *lux*, Scène Nationale de Valence en avril 2008 (dans le cadre de la Biennale Musiques en Scène).
Since its creation at the Palais des Beaux-Arts de Bruxelles in April 2007, and after its presentation at *Bains numériques #2* in October 2007, the interactive work have been improved for the exhibition at the *lux*, Scène Nationale in Valence in April 2008 (in context of the Biennale Musiques en Scène).

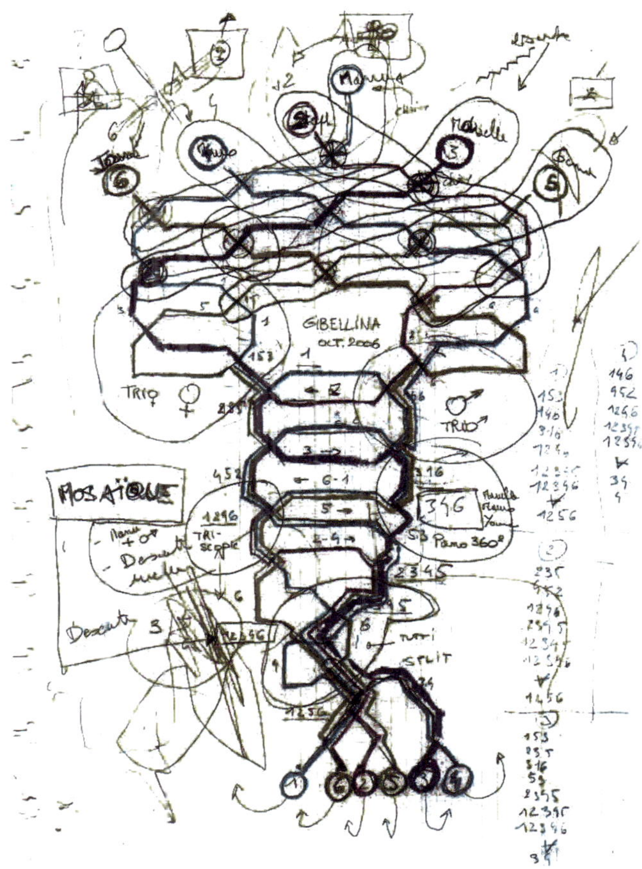

À gauche : *From Inside, Sicilia, Vie di Gibellina* – *Manuela Rastaldi*. À droite : Arborescence Gibellina

From Inside, Kinshasa, ville en mouvement

6
À l'ère de la « dictature de *l'interactivité* » qui n'est pas nécessairement porteuse de « *sens augmenté* », on redécouvre aussi le plaisir passif et parfois résistant du « *voyeur* »…

In the age of the "*dictatorship of interactivity*" — an interactivity that does not guarantee "*increased meaning*" — one also rediscovers the passive, sometimes resistant pleasure of the "*voyeur*".

Hyper labyrinthe

Dans *From Inside*, le visiteur a la possibilité de choisir 'sa ville' (Francfort dans les studios de William Forsythe, Gibellina, cité sicilienne morte coulée dans le béton, Kinshasa, mégapole de bruits et de foules bigarrées), il peut aussi, en entrant dans un des faisceaux de lumière éclairant un tapis de fenêtres au sol, intervenir sur la chorégraphie et 'sculpter' les sons sur les mouvements des danseurs évoluant sur trois grands écrans en face de lui en marchant dans la lumière. Ces interactions complexes définissent des géographies narratives, audio-visuelles et 'kinographiques' variables et cependant, le spectateur qui n'est nullement forcé d'être aussi utilisateur[6], est séduit par ce couple bancal étrangement lié par les épaules et la tête dans une allée de Gibellina sous un ciel digne pictural d'or, ému par ce chanteur congolais reprenant dans un buibui, *La vie en rose* avec un trémolo d'un autre temps ou encore, intrigué par ces jeunes hommes et femmes silencieux montant doucement sur leurs bureaux comme d'étranges félins humains habitant une grande halle désertée.

Quoi de commun entre ces univers aussi éclatés que particuliers ? Thierry De Mey nous invite malicieusement à rentrer dans un 'hyper labyrinthe' en nous faisant croire que nous en possédons les clés. Gibbelina devenu un dédale vide artistique grâce à Alberto Burri qui l'a coulée dans le béton après sa destruction par un tremblement de terre, Kinshasa une jungle urbaine où l'on se perd dans les klaxons et les enfants, l'imposant studio de Francfort quadrillé par les tables manipulées énergiquement par les danseurs qui semblent livrés à eux-mêmes portés par les sons fouettant de vents électro organiques. Il nous reste à accepter de se perdre sans frénésie entre les séquences, sachant qu'à la fin de ce voyage toujours renouvelé, on retombera toujours sur nos pieds baignés de lumière car le grand architecte qui reste toujours dans l'ombre veille à ce que ce périple soit aussi dépaysant qu'attrayant.

Hyperlabyrinth

In *From Inside* the visitor can choose between Frankfurt and William Forsythe's dance studio; Gibellina, a lifeless concrete Sicilian city; or Kinshasa, a noisy, colourfully thronging megalopolis. He can also, by entering one of the beams of light coming through the windows in the floor, take an active part in the choreography and 'sculpt' the sounds to match the movements of dancers visible on three big screens facing him. These complex interactions define variable narrative, audiovisual and 'kinographic' geographies; and yet the viewer, who is in no way obliged to become a participant[6], falls under the spell of this out-of-true couple strangely joined at the shoulders and head and set against a golden sky; is moved by the Congolese singer rendering *La Vie en Rose* in a local dive, with a tremolo belonging to an age long past; and intrigued by the silent young men and women slowly climbing onto their tables like strangely feline humans in a great deserted hall.

What is there in common between these worlds as disparate as they are odd? Thierry De Mey invites us into his 'hyperlabyrinth' mischievously, convincing us that we have the keys. Gibellina turned into an empty, artistic maze by Alberto Burri, who cast the city in concrete after its destruction by an earthquake. Kinshasa an urban jungle where you wander lost among the car horns and children. The imposing Frankfurt studio squared off with tables energetically thrust about by dancers seemingly left to their own devices and whipped by the sound of electro-organic winds. We have only to submit calmly to losing ourselves between these sequences, knowing that at the end of this endlessly repeated voyage we will fall without fail on our feet — feet bathed in light, for the great architect always lurking in the shadows sees to it that the journey is as defamiliarising as it is irresistible.

Ces jolies et fines jeunes femmes de *Ma Mère L'Oye* (sur une musique de ballet écrite par Maurice Ravel) sautant légères dans le bois où de drôles de créatures déambulent, les danseurs de Forsythe jouant frénétiquement de leurs constructions éphémères dans *One Flat Thing, reproduced* et leurs aînées investissant la grande halle du Studio National des Arts Contemporains / Le Fresnoy, ancien lieu de divertissement populaire à Tourcoing, pour *21 études à danser* qui sont aussi autant de fragments amoureux, ou encore les musiciens d'*Ictus* et Fernand Schirren récitant, façon *cut-up* dans le respect du texte initial de Charles Perrault[7], un *Barbe bleue* décomposé sur plusieurs écrans mouvants pour en faire une installation audio-vidéo ludique et touchante… Les œuvres de l'instigateur de ces délicieux méandres sont de l'ordre du dionysiaque, de la jouissance, du plaisir partagé tout en ne laissant rien ou finalement peu au hasard. Il y a, dans le respect des spécificités de chaque discipline convoquée, une écriture précise qui semble libérée de la notation traditionnelle pour s'épanouir dans des fulgurances et des gestes sonores, iconiques, chorégraphiques assurés.

L'art du montage

Les créations de Thierry De Mey reposent sur un art du montage (rendons hommage à ses fidèles Boris Van der Avoort et Isabelle Boyer pour leur travail méticuleux qui participe au *groove* cassé, chaloupé, *crescendo*, *ostinato*), admiratif de Vertov et Kalatozov mais jamais de l'assemblage, de l'architecture (plus liquide que solide), de la conjugaison des énergies. Une fluidité qui se permet la brisure passagère, un art du contrepoint, de la « *contre-phrase* » (*Counterphrases*, rencontre de la fugue classique et de la déconstruction postmoderne, lectures variables des images triscopiques et de la danse volubile d'Anne Teresa De Keersmaeker par Steve Reich, Fausto Romitelli, Jonathan Harvey) et avant tout de l'équilibre dans le déséquilibre, la force des images, des sons et des moyens structurels pour solliciter, happer, enlever le spectateur. Au centre du dispositif cinématographique, chorégraphique, sonore, interactif, le corps humain à échelle 1/1 qui « *reste l'étalon du sens et de la perception* », le sens entre les sauts, les frémissements, les soupirs et les sourires, le sens de l'écran au corps dans tous ses sens.

These pretty, finely-built young women from *My Mother Goose*, leaping lightly — to ballet music by Ravel — through woodland haunted by weird creatures; Forsythe's dancers making frantic play with their ephemeral constructs in *One Flat Thing, reproduced*; their elders taking over the great hall at Le Fresnoy / Studio National des Arts Contemporains — once an entertainment centre for the people of Tourcoing — for the *21 Dance Studies* that are also fragments of love stories; or Fernand Schirren and the *Ictus ensemble* musicians doing a cut-up recitation — while sticking to the meaning — of Charles Perrault's[7] text of *Bluebeard*, a de-composed version on moving screens that adds up to a playful, touching audio-video installation. The works of the instigator of these delicious ramblings belong to the Dionysiac, to enjoyment, to shared pleasure, while leaving nothing, or very little, to chance. In this due regard for the specific character of each discipline, there is a precise idiom seemingly liberated from traditional notation and burgeoning into blazing radiance and confidently iconic, choreographic gesturings of sound.

The art of editing

Thierry De Mey's creations are built on an art of editing — tribute must be paid here to the faithful Boris Van der Avoort and Isabelle Boyer for their meticulous contribution to a choppy, sweeping, *crescendo* or *ostinato* groove — that declares its allegiance to Vertov and Kalatozov, but never to assemblage, architecture (more liquid than solid) or combinations of energy. The result is a fluidity that allows for transitory breaks, an art of "*counterpoint*" and above all — as in *Counterphrases*, an encounter between the classical fugue and postmodern deconstruction, plus varying interpretations of the triscopic images and voluble dance of Anne Teresa De Keersmaeker by Steve Reich, Fausto Romitelli, Jonathan Harvey — an art of equilibrium within disequilibrium, of the power of images, of sounds and structural means for summoning, grabbing, carrying off the viewer. At the heart of the cinematic, choreographic, acoustic, interactive system is the human body on a scale of 1:1, which "*remains the yardstick for meaning and perception*", the meaning between the leaps, quiverings, sighs and smiles, the meaning of the screen for the body in every sense.

7
Une récurrence chez Thierry De Mey dont la 'valeur ajoutée' artistique 'sert' de manière personnelle, ajoute, étend, condense… mais jamais ne détourne réellement l'œuvre source — littéraire, chorégraphique, musicale — du sens profond de son auteur. Il propose une reconstruction poëtique plutôt qu'une déconstruction.
This is a recurring feature of De Mey's work, whose 'added value' is 'useful' in a personal way, as it adds to, extends and condenses the literary, choreographic or musical original without ever really subverting the deep sense intended by its author. This is poetic reconstruction rather than deconstruction.

Deep in the wood, installation issue de *Ma Mère l'Oye – lux*, Scène Nationale de Valence, avril 2008

contraindre

Maÿlis Dupont

myriam gourfink

▶▶○

De *Beith* (1996), à *This is my house* (2005) en passant par *Contraindre* (initié en 2004), la démarche de Myriam Gourfink est centrée sur une exigence radicale du corps dansant / mouvant contraint qui se plie avec rigueur à d'autres temps étirés (la lenteur comme résistance), d'autres espaces interagissant (capteurs sensibles et micro mouvements) et d'autres écritures inventées (post Laban à l'ère numérique). C'est cette notion de (re)composition mais aussi de notation du mouvement contemporain qui est au centre de la démarche unique menée par une chorégraphe étroitement associée au compositeur/sculpteur sonore Kasper T. Toeplitz qui lui aussi amène le spectateur-auditeur à repousser ses limites perceptives. Un travail en recherche permanente qui redéfinit notre intimité la plus sensible.

In *Beith* (1996), *Contraindre* (first performed in 2004) and *This Is My House* (2005), Myriam Gourfink's agenda revolves around a radical subjection of the constrained dancing/moving body to other, stretched time frames (slowness as resistance), other interacting spaces (sensors and micro-movements) and other invented idioms (post-Laban in the digital era). This notion of (re)composition, but also of notation of contemporary movement is the core of the choreographer's approach. Gourfink is closely associated with composer/sound sculptor Kasper T. Toeplitz, equally concerned with making spectator-listeners push back their perceptual boundaries. This ongoing exploration redefines the deepest parts of our inner lives.

Philippe Franck

On ne voit pas *Contraindre*, on l'éprouve. La pièce de la chorégraphe Myriam Gourfink, recréée à Nancy, le 20 mars 2007, par Cindy van Acker et Myriam Gourfink (Kasper Toeplitz et Laurent Dailleau pour la musique), déboulonne les cadres classiques du spectacle. L'espace n'est plus duel, organisé autour d'une ligne de partage entre ceux dont on attend qu'ils voient et ceux qui s'exposent à être vus. Si le terme n'en perdait pas son sens, on dirait que tout le monde est *sur scène* dans le spectacle de Myriam Gourfink : public, danseuses, musiciens, jusqu'à l'ingénieur responsable du dispositif de captation des mouvements et de transformation de la partition chorégraphique en temps réel, jusqu'à l'équipe de tournage même. Si tous se trouvent également *exposés*, l'espace n'est pas unitaire pour autant. C'est là un autre verrou qui saute : il n'est pas de place qui assure une vue d'ensemble dans cet espace, pas de point de vue surplombant. L'espace est fragmenté et la visibilité toujours partielle.

You don't watch Myriam Gourfink's *Contraindre*, you experience it. In a new performance by Cindy van Acker and Gourfink herself in Nancy on 20 March 2007 — with music by Kasper Toeplitz and Laurent Dailleau — the work totally overthrows the classical performing frameworks. The space is no longer dual, divided by a line separating those intended to see and those intended to be seen: if the term wasn't losing its meaning we could say that in this version everyone is *on stage* — audience, dancers, musicians, right down to the engineer in charge of the motion-sensors and the real-time processing of the dance score, and the video recording team. Everyone is equally *exposed*, but the space has not become unitary, and here another taboo has been broken: there is no seat from which you can see the entire space, no bird's eye point of view. The space is fragmented and visibility always partial.

Le public, de ce fait, doit choisir de porter son attention sur l'une ou bien sur l'autre danseuse. À chaque place est en fait associé un spectacle. À ce niveau encore, il n'est pas évident que l'organe de la vue soit premier. Il est certes un 'voyage' pour chacune des danseuses, mais il est largement intérieur, « *voyage de la concentration dans le corps* », avant d'être le voyage du corps dans un espace environnant.

On doit apprendre à lire les indices d'un tel voyage afin d'y prendre part : dans l'enchaînement de micro-mouvements, dans l'ampleur d'une respiration, dans l'expression du visage, etc. Assis à moins de deux mètres d'une danseuse, le spectateur fait une expérience qui est bien davantage que visuelle, une expérience synesthésique. D'autant, et c'est là un autre trait important du spectacle, qu'il est plongé et comme enserré dans un espace musical. Kasper Toeplitz, à qui l'on doit la musique, moyennant une dizaine d'enceintes réparties dans la salle, entre lesquelles circule l'onde sonore, crée ou mieux *matérialise* un espace : celui dans lequel évoluent les danseuses, celui dans lequel sont pris les spectateurs, etc. Plus que leurs dimensions, c'est *l'épaisseur* de tels espaces qui importe, que la chorégraphe et le compositeur cherchent à rendre apparent.

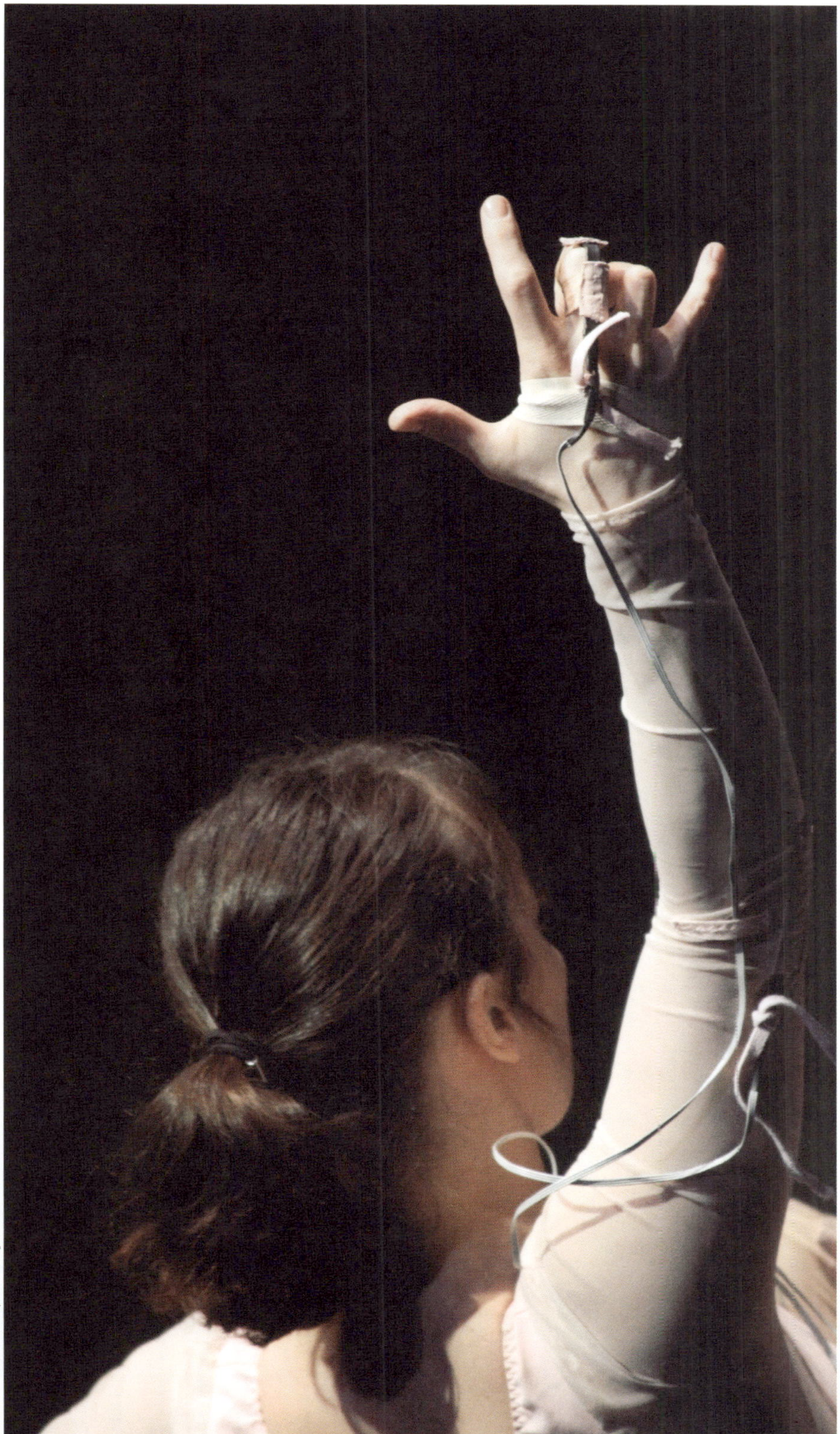

Contraindre – Bains numériques #2, Enghien-les-Bains, octobre 2007

This means that the audience has to opt for focusing on one or other of the two dancers. Each seat is associated with a different performance. And in this respect it is not at all certain that the organ of vision is foremost. True, there is a "*journey*" for each dancer, but for the most part an inner one, much more "*a journey of concentration within the body*" than a journey by the body through surrounding space.

We have to learn to read the clues to such a journey if we are to take part in it: to read them in the sequence of the micro-movements, the amplitude of a respiration, the expression on a face, etc. Sitting less than two metres from a dancer, the spectator undergoes an experience that is much more than visual: a synaesthetic experience. All the more so — and this is another major aspect of the work — in that the spectator is plunged and, so to speak, clamped into a musical space. Using ten speakers placed so that the sound waves circulate between them, composer Kasper Toeplitz creates or, more exactly, *materialises* a space: the one the dancers move in, the one the spectators are held in, etc. More than the actual dimensions, it is the *thickness* of such spaces that counts, with the choreographer and the composer striving to make it apparent.

Les corps, tantôt légers, tantôt lourdement ancrés dans le sol, systématiquement inclinés (en appui sur des bords, des côtés, des extrémités) ou bien contraints à une stricte verticalité donnent ainsi à voir (à sentir) un espace plein, enveloppant, étreignant dans lequel les corps étreints semblent entièrement modelables. Plus que de corps en apesanteur, l'impression est celle de corps pris dans un matériau dense, en osmose avec ce matériau, tels peut-être des fœtus dans une bulle amniotique. Notons que ces bulles ne sont pas hermétiques, qu'entre elles existent des canaux de communication. On compte notamment des capteurs émetteurs fixés sur le corps des danseuses (à la cheville, au genou, au niveau du ventre ou du thorax, au coude, sur un doigt, etc.), qui autorisent un double flux d'information : un flux sortant, fait de signaux électriques qui viennent renseigner le « *chorégraphe virtuel* » (le programme informatique générant la partition) ; un flux entrant, fait de signes chorégraphiques qui s'affichent à intervalles de temps réguliers sur les écrans qui entourent les danseuses (écrans posés au sol, sur lesquels elles lisent leur partition).

L'expérience au final est bien plus riche que celle qu'une esthétique minimaliste semblait pouvoir offrir : expérience inédite, car rendue explicite, du corps, de sa mobilité et de son information dans l'espace.

The bodies — sometimes light, sometimes heavily anchored to the floor — are either systematically leaning (on sides, edges, extremities) or obliged to assume a strict verticality, and so lead us to see (or feel) a space that is full, enveloping, embracing, a space in which the embraced bodies seem utterly shapable. Our impression is less that of bodies in weightlessness than of bodies trapped in some dense matter, in osmosis with it, maybe like foetuses in their amniotic sacs. But it should be noted that these sacs are not hermetic: there exist channels of communication between them, among them the sensor-transmitters attached to the dancers' bodies — to the ankle and knee, at belly and thorax level, on the elbow, on a finger, etc. These enable a dual information flow: one outgoing, in the form of electrical signals that provide information to the "*virtual choreographer*" — the computer programme that generates the score; and the other incoming, in the form of choreographic indications that appear at regular intervals on the screens on the floor around the dancers, on which they read their individual scores.

Ultimately the experience is a much richer one than might be expected from a minimalist aesthetic: a new, because explicit, experience of the body, its mobility and its spatial relationship with information.

Contraindre de Myriam Gourfink (chorégraphie) et Kasper T. Toeplitz (musique) a été recréée au Hublot à Nancy, le 20 mars 2007, par : Myriam Gourfink et Cindy Van Acker (danse), Laurent Dailleau (thérémin), Kasper T. Toeplitz (live electronics et spatialisation), Zak Cammoun (vidéo, son, lumières). Les capteurs ont été mis au point par Thierry Coduys (La Kitchen). Les costumes et accessoires, par KOVA.
Contraindre by Myriam Gourfink (choreography) and Kasper T. Toeplitz (music) was given a new performance at Le Hublot in Nancy on 20 March 2007: with Myriam Gourfink and Cindy Van Acker (dance), Laurent Dailleau (theremin), Kasper T. Toeplitz (live electronics and spatialisation), and Zak Cammoun (video, sound, lighting). The sensors were developed by Thierry Coduys of La Kitchen. Costumes and props by KOVA.

Contraindre – *Bains numériques #2*, Enghien-les-Bains, octobre 2007

corps mouvement, corps son, corps lumière

movement body, sound body, light body

Philippe Franck

hiroaki umeda

Accumulated Layout

Happé par la danse après avoir assisté à une chorégraphie de ***Saburo Teshigawara****, le jeune Hiroaki Umeda a délaissé ses images fixes de photographe pour construire des formidables tableaux de mouvements. Avec *S20*, sa compagnie qu'il a créé en 2000 à Tokyo où il réside, ce danseur d'exception s'est fait remarquer sur les plateaux et festivals internationaux d'arts scéniques et numériques. Utilisant avec une même précision, le son, l'image, la lumière que la danse dans une esthétique à la fois abstraite et sensorielle, il a créé avec *Ni*, *While Going to A Condition*, *Finore*, *Duo* ou encore *Accumulated Layout* (présenté à *Bains numériques #2* en 2007), des pièces aussi exigeantes que stimulantes, au rythme trépidant de nos multi solitudes connectées.

Subjugated by a work by ***Saburo Teshigawara****, the young Hiroaki Umeda abandoned photography and the still image for dance and the creation of virtuoso displays of movement. With *S20*, the company he created in 2000 in Tokyo, where he lives, this remarkable dancer has drawn attention internationally in theatres and at festivals of the performing and digital arts. Bringing equal precision to a use of sound, image, light and dance whose aesthetics combines the abstract and the sensory, he has written and performed *Ni*, *While Going to A Condition*, *Finore*, *Duo* and *Accumulated Layout* (presented at the *Bains numériques #2* digital festival in Enghien-les-Bains in 2007); as exciting as they are demanding, these works embody the frantic rhythms of our interconnected solitudes.

En quelques années Hiroaki Umeda s'est hissé dans les premiers rangs des singularités de la danse contemporaine internationale. Avec virtuosité, discipline et obstination, il affronte seul en scène les faisceaux de lumière qui redéfinissent l'espace scénique dans un univers à la fois épuré et foisonnant. L'espace n'est décidemment, n'en déplaise à Aristote, pas une donnée fixe mais bien une construction, une perception toujours changeante. Umeda parle d'ailleurs, de manière très économe, d'objet tant pour la danse que pour le son et l'image. Des « *objets* » qu'il peint (sa chorégraphie part d'une esquisse qu'il développe ensuite) ou sculpte avec minutie. Partant de la page blanche qu'est l'espace vide, virtuel (celui qui n'est pas encore investi, défini, incarné), il écrit les mouvements comme un écrivain se lancerait à « *corps perdu* » dans un livre non pas d'écriture automatique mais de jets d'encre, guidé avant tout par une intuition qui se construit au fur et à mesure du travail avec les matières.

Accumulated Layout – Bains numériques #2, Enghien-les-Bains, octobre 2007

Des blocs de lumière blanche, des grilles dont on ne sait si elles emprisonnent ou si elles abritent un cataclysme imminent, des tapis de pixels sur le plateau noir, des poursuites implacables… mais pas besoin de poursuivre le danseur, il est et reste totalement là, ses mains, ses épaules, ses hanches, ses jambes, ses pieds et sa tête nue tracent, dans une incroyable vélocité et fluidité, des lignes, des arabesques et des graffiti invisibles. Il est une source permanente de formes, de géométries et de scènes variables. Tandis que le marteau digital frappe inlassablement et que l'oscillateur ne fatigue pas, le corps mène littéralement la danse, le corps à la fois bouillonnant et froid. Des corps de chair, de sons et d'images que manipule à lui seul ce petit mais grand artiste martial du troisième type, sont inlassablement présents, actants.

In just a few years Hiroaki Umeda has moved into the first rank of international contemporary dance originals. Marrying virtuosity, discipline and intransigence, he moves alone among the shafts of light that transmute the performance space into a world at once austere and fecund. Pace Aristotle, space is decidedly not a fixed datum, but rather a construct, a constantly shifting perception. A man of few words, Umeda speaks of "*objects*" created as much for sound and image as for dance: objects he meticulously paints or sculpts in choreographies built up from an initial drawing. Working from the blank page of empty, virtual space — space not yet occupied, defined, concretised — he notates his movements like a writer throwing himself bodily into a book: writing that is ink-jet rather that automatic, and guided above all by an intuition that takes shape as his work with his materials advances.

Blocks of white light, grids that may be threats of imprisonment or some imminent disaster, a black stage spread with a layer of pixels, an implacable pursuit: but no need to pursue the dancer, who is and remains totally there, hands, shoulders, hips, legs, feet and shaven head tracing lines, arabesques, invisible graffiti with incredible speed and fluency. Hiroaki Umeda is an inexhaustible wellspring of changing shapes, geometries and scenes. As the digital hammer tirelessly beats time and the oscillator does its work, the body literally leads the dance — this body simultaneously boiling and cold. Ever present, ever active, these are bodies made of flesh, sound and image, singlehandedly manipulated by this small man, this great martial artist of the third kind.

Nul besoin d'ajouter des prothèses ou des capteurs électroniques à cette pile survoltée, là, le corps humain n'est que capteurs naturels de force, de pression, de déplacement, d'accélération, de vibration… les performances d'Umeda nous le démontrent si nécessaire à l'envi. Si le chorégraphe songe aujourd'hui à intégrer ces dispositifs, c'est avant tout pour la recherche et afin que le corps produise encore davantage. La machine humaine est stimulée par la technologie mais jamais de l'extérieur. En effet, tout chez Umeda ou presque est intérieur sans jamais être fermé ; ses mouvements infinis centripètes semblent chercher à creuser vers un centre de plus en plus profond. De temps en temps, le corps s'arrête non pas exténué comme il pourrait l'être ou encore tétanisé par les forces audiovisuelles qui gravitent autour de lui mais comme pour contempler les énergies bouillonnantes, les laisser passer et puis se remettre à creuser dans l'air de tous ses membres.

Quand on évoque avec cet homme du geste précis et du mot rare, le ***Butoh**** que le critique occidental tend à voir un peu partout dans la danse contemporaine japonaise (non pas le cliché du corps peint en blanc ou nu mais l'essence de l'enveloppe vide) et à l'opposé, le hip hop autrefois étudié comme les bases classiques et qu' Umeda n'écarte pas non plus, celui-ci déclare ne s'intéresser nullement à leurs formes mais concède en prendre la substantifique moelle, les énergies lentes ou rapides qui habitent ces genres. La danse du Japonais qui ne se reconnaît d'aucun mouvement ou école, n'est ni celle des ténèbres ni celle des ghettos urbains, elle dépasse les étiquettes pour se frotter obstinément non pas à la déconstruction mais à la reconstruction permanente du mouvement physique, sonore et visuel, celui de notre monde de flux actuel. « *Tout est mouvement, tout fait mouvement* » nous répète-t-il en même temps qu'il refuse tout sens préalable à la scène. Corps et sens du performer aguerri im/mobile : « *l'image comme le corps sont toujours en mouvement, tout dépend du regardeur* » précise-t-il encore.

No need, either, to fit this overcharged human battery with prostheses or sensors: as Umeda's unsparing performances reveal, the entire body is made of natural sensors reacting to force, pressure, movement, acceleration, vibration. So if the dancer is now considering making use of these devices, the primary aim is research into ways of making the body produce even more. The human machine is technologically stimulated, but never from the outside. With Umeda everything — or just about — exists on the inside, but without ever being closed off: those endless centripetal movements seem to be digging towards some ever-deeper centre. From time to time the body comes to a halt: not out of exhaustion (which could easily be the case), not because of the petrifying audio-visual forces it is pulling in, but as if it were time to stop and contemplate all this boiling energy, allow it to subside, and then get back to digging furiously into the air.

When you ask this physically precise, taciturn man about ***Butoh**** — not the clichéd naked or white-painted body, but the quintessential empty envelope — which Western critics tend to see everywhere in contemporary Japanese dance, and at the other end of the scale the hip-hop and classical dance he once studied and still does not dismiss, he declares himself totally uninterested in their formal aspects, but admits to drawing on their true substance — their high-speed and low-speed energies. As practised by this Japanese who identifies with no school or movement, dance does not emerge from darkness or the ghetto: it transcends all labels, obstinately eschewing deconstruction in favour of ongoing reconstruction of the movement — physical, auditory, visual — of a world in a state of constant flux. "*Everything is movement, everything causes movement*", he repeats, while at the same time denying that what happens on stage has any inherent meaning. So — body and meaning for this seasoned, im/mobile performer? "*The image and the body are always in motion*", he says. "*Everything depends on the spectator*".

Duo

Le créateur de *Duo* où le danseur danse en duo avec sa propre image, apprécie lorsqu'on évoque, pour tenter de qualifier le lieu de ses relations danse-son-image, le concept complexe japonais « *Ma* » qui qualifie l'espace entre les objets, les phénomènes mais aussi entre les événements perçus ou exprimés. Dans — mais surtout entre — les gestes chorégraphiques mais aussi dans les projections lumineuses (chez Umeda l'image est avant tout lumière, volume, jamais narration ou figure) et sonores que cet artiste complet met en scène avec minutie, il y a aussi ce silence, ce vide-non-vide qui est à la fois le début et la fin d'une phrase musicale, chorégraphique, lumineuse et qui est une composante essentielle de sa multi partition.

C'est ici et toujours, le rythme épileptique, frénétique, extatique qui se donne à voir, à entendre mais surtout à percevoir (entre les lignes, sous une apparente linéarité, d'autres rythmes et d'autres espaces/temps subliminaux sont à découvrir). « *Le rythme est ce qui nous permet d'accepter et de pouvoir saisir le temps* » précise le funambule sans fil.

Ce sens qui échappe, serait d'abord à expérimenter par procuration pour être perçu librement dans ce ***Merzbau**** plus constructiviste que dadaïste, qu'est au final cette œuvre « *corps et graphique* », organique et hypervivante d'un Stakhanoviste nomade mais également très attaché à son Japon mutant. Au final, après la bataille publique toujours gagnée mais toujours recommencée avec lui-même, un sentiment de transmission énergétique mêlé à un questionnement phénoménologique : sommes-nous, nous aussi, ce corps battant dans l'étendue clinique des ondes électroniques ?

The creator of *Duo*, in which he dances a duet with his own image, is pleased when, in an attempt to home in on the locus of his dance-sound-image relationships, you bring up the complex Japanese concept *Ma*, which describes the space between objects and between phenomena, but also between events as perceived or recounted. In — but above all between — the choreographic movements, but also in the light and sound projections (in Umeda's work the image is primarily light and volume, never narrative or figure) which this complete artist stages in minute detail, there is also the silence, the void-non-void which is both the beginning and the end of a musical, choreographic or light-based phrase and is a vital component of his multifarious score.

It is here, always here, that the frantic, ecstatic, epileptic vision is to be seen and heard, but most of all perceived: between the lines, hidden beneath an apparent linearity, other rhythms and other subliminal times/spaces remain to be discovered. "*The rhythm*", explains this ropeless tightrope walker, "*is what enables us to accept and succeed in grasping time*".

This elusive meaning first has to be looked for by proxy, then freely arrived at in the (more Constructivist than Dadaist) ***Merzbau**** which is, ultimately, the organic, alive and kicking "*body graphic*" work of this Stakhanovite, this nomad who nonetheless remains very attached to his mutant Japan. In the final analysis, after the public struggle with himself — always won, but always taken up again — a feeling endures of an energy transmission mixed with a phenomenological question: are we too this body beating in the clinical expanse of electronic waves?

[•]

Butoh: de son nom complet, *Ankoru Butoh*, est la « *danse des ténèbres* » (Bu signifie danse, et Tho, piétiner le sol) qui a donné lieu, après la défaite japonaise de la seconde guerre mondiale et l'effroi de la bombe atomique, à un mouvement performatif contemporain important au Japon exprimant tout à la fois l'angoisse, l'érotisme noir, l'extase et le désespoir. Inspiré du théâtre de mimes, le Butoh laisse une certaine place à l'improvisation et s'est fait connaître à l'international notamment via Kazuo Ohno. *Kinjiki* (couleurs interdites, du nom d'un roman de Mishima) de Tatsumi Hijikata est considérée comme la première pièce de butoh créée en 1959 sans musique.
Butoh, *Ankoru Butoh*, to give it its full name, is the "*dance of darkness*": Bu means dance, and Toh to stamp. After Japan's defeat in the Second World War and the trauma of the atom bomb, it gave rise to an influential performance movement shot through with anguish, dark eroticism, ecstasy and despair. Taking its inspiration from mime theatre, Butoh left room for improvisation. It gained international recognition notably through Kazuo Ohno. Based on the novel by Yukio Mishima and first performed without music in 1959, Tatsumi Hijikata's *Kinjiki* (Forbidden Colours) is considered the first butoh work.

Merzbau: œuvre évolutive de Kurt Schwitters (plasticien et poète dadaïste allemand) basé sur la récupération de détritus. Elaborée à Hanovre entre 1923 et 1936 puis détruite par les nazis, cette construction habitable de dimension variable constituée d'objets trouvés, que son auteur appelait « *cathédrale de la misère érotique* », est considérée une des pièces majeures annonçant de ce qu'on appellera plus tard dans les arts plastiques, l'installation.
Merzbau. An ongoing piece by the German Dadaist artist/poet Kurt Schwitters, who worked on it from 1923 to 1936, when it was destroyed by the Nazis. Made up of recycled materials, this habitable structure was titled *The Cathedral of Erotic Misery* by its creator. It is considered one of the major forerunners of what would later be called the installation.

Saburo Teshigawara: Originaire de Tokyo, Saburo Teshigawara entame sa carrière de chorégraphe en 1981, après avoir étudié les arts plastiques et la danse classique. Il a créé la compagnie Karas (« *corbeau* » en japonais) avec la danseuse Key Myata afin de chercher « *une nouvelle forme de beauté* ». Artiste pluridisciplinaire, il travaille également différentes formes artistiques visuelles (installations, vidéos), chaque œuvre étant conçue comme une globalité intégrant les costumes, les éclairages, le dispositif scénique et la chorégraphie.
Saburo Teshigawara. A native of Tokyo, Saburo Teshigawara began his career as a choreographer in 1981, after studying art and classical dance. With woman dancer Key Myata he set up the Karas (Crow) company in a quest for "*a new form of beauty*". A multidisciplinary artist, he also worked on installations and videos, considering each work an entity of which the costumes, lighting, staging and choreography were integral parts.

Accumulated Layout – Bains numériques #2, Enghien-les-Bains, octobre 2007

corps

en recherche

02

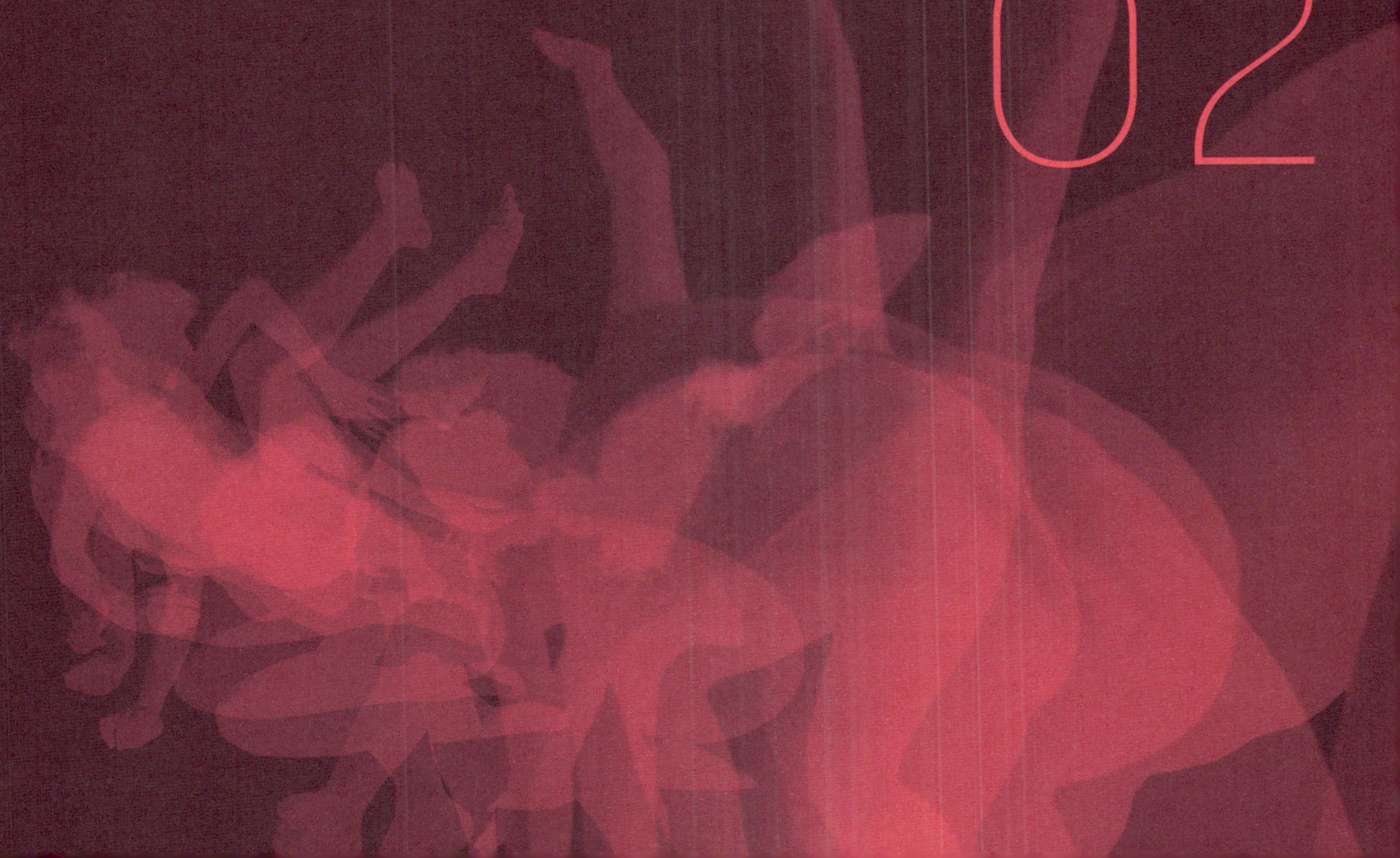

nouvelles écritures

new idioms

écritures hypermédias et corps du texte en mouvement

hypermedia writing and the body of the text in motion

Entretien avec Franck Bauchard, propos recueillis par Philippe Franck
Interview to Franck Bauchard conducted by Philippe Franck

L'écriture non linéaire et l'hypertexte sont issus, au-delà des évolutions technologiques de ces dernières années, d'une histoire souvent oubliée qui pourrait partir des manuscrits du Moyen Âge en passant par Mallarmé, Joyce, Cortazar, les *cut-ups* du tandem Burroughs / Gysin ou encore les écrits et la pensée de Marshall McLuhan qui pensait dès le début des années 50 que l'écriture était la « *spatialisation de la pensée* » et que tout média, dans notre « *village global* », était une « *extension de nos facultés psychiques et physiques humaines* ». Comment les supports numériques (ordinateurs, téléphones portables, Internet,…) bouleversent-ils les modes de production et de diffusion des écritures contemporaines ? Conversation avec Franck Bauchard à partir de sa réflexion critique et du projet du Centre National des Ecritures du Spectacle dont il est responsable à la Chartreuse de Villeneuve-lès-Avignon.

Looking beyond the technological changes of recent years, we see that nonlinear writing and hypertext have emerged from an often forgotten history traceable from medieval manuscripts through Mallarmé, Joyce, Cortazar, the Burroughs / Gysin cut-ups and the writing and thought of Marshall McLuhan, who in the early 1950s was seeing writing as the "*spatialisation*" of thought and the media of our "*global village*" as an "extension of our psychic and physical human faculties". Just how are digital devices — computers, cellphones, the Internet, etc. — disrupting the modes of production and distribution of contemporary writing? This conversation with Franck Bauchard is based on his critical thinking and the Centre National des Ecritures du Spectacle (National Centre for Performing Arts Writing) project he is currently directing at the Chartreuse de Villeneuve-lès-Avignon.

<u>Comment faire (re)découvrir les anciennes ruptures de l'écrit pour comprendre les futures immédiates ?</u>

Pour le philosophe Henri Bergson, il y a un « *mouvement rétrograde du vrai* » (l'anticipation ne serait prospective que parce qu'elle est rétrospective, une pensée qu'il développe plus particulièrement dans la première partie de *La Pensée et le mouvant*, section titrée « *Mouvement rétrograde du vrai : mirage du présent dans le passé* », NDLR).

Cela signifie que des mutations contemporaines peuvent nous faire mieux comprendre des enjeux du passé. Et réciproquement, on ne prend la mesure des ruptures actuelles qu'en les confrontant à celles du passé. On peut ainsi mettre en regard le passage de la culture du manuscrit à l'imprimé avec les mutations actuelles de l'écriture qui s'inscrivent de plus en plus sur un support numérique. L'histoire — confirmant l'approche anthropologique — nous montre qu'il n'y a pas de possibilité d'écrire naturellement. L'écriture est une technologie qui demande des compétences et des techniques adaptées à des supports d'inscription singuliers qui chacun favorisent et développent des usages littéraires et culturels spécifiques.

<u>How can we bring about the (re)discovery of early radical changes in writing with a view to increased understanding of what the immediate future holds?</u>

For the philosopher Henri Bergson there exists a "*retrograde movement of truth*". (As Bergson sees it, anticipation is only forward-looking because it is backward-looking, a notion he elaborates on in *The Creative Mind: An Introduction to Metaphysics*, in the section titled "*Retrograde movement of the true growth of truth*", which speaks of "*the mirage of the present in the past*", Editor's note).

His meaning here is that contemporary changes can help us better understand the problems of the past; and reciprocally, that one can only grasp current major changes by comparing them with those of the past. Thus we can compare the cultural shift from manuscript to print with the current changes in writing that are increasingly dependent on the digital. History — which here confirms the anthropological approach — demonstrates that there is no natural way of writing. Writing is a technology demanding skills and techniques appropriate to specific recording media, each of which favours and fosters precise literary and cultural usages.

L'histoire met ainsi en évidence l'interaction entre l'écriture et la matérialité du support. Elle montre aussi qu'il y a toujours un décalage entre l'arrivée d'un nouveau support et le développement d'une écriture spécifique à ce support ; il a fallu ainsi 200 ans pour qu'on utilise toutes les potentialités de l'imprimé. Il y a une coexistence entre la perception de ruptures et le déroulement de ces conséquences sur un laps de temps important. En s'appuyant sur l'histoire, on peut mieux saisir qu'un nouveau support détermine ou conditionne de nouvelles possibilités de l'écriture et que ces processus mettent un certain temps à produire leurs effets. Elle montre aussi que lorsqu'il y a changement de support, il y a aussi des pertes. Par exemple, le passage du manuscrit à l'imprimé a fait disparaître ***la philosophie scolastique**** qui s'inscrivait dans un certain rapport privilégié à l'oralité.

Les nouvelles formes d'écriture génèrent-elles de nouvelles formes de lecture ?

Tout à fait ! L'ordinateur a rendu opérationnel l'« *hypertexte* », une lecture non linéaire, des choix qui favorisent une combinaison entre écriture et lecture. Mais les pratiques de lecture peuvent aussi précéder de nouvelles formes d'écritures, comme cela s'est produit parfois dans l'histoire de l'écrit. Aujourd'hui de nouveaux types de lecteurs surgissent. Là, où voici dix ans, le livre électronique avait échoué à percer, il connaît aujourd'hui semble t-il un nouvel essor autorisé par l'apparition de lecteurs susceptibles de lire un ouvrage entier sur écran. Dans ce cas de figure, où le livre est simplement transposé sur un support numérique (c'est du moins ce qui est revendiqué) le focus n'est pas d'abord sur telle ou telle évolution de l'écriture mais bien une nouvelle forme de lecture qui finira peut-être par produire des formes d'écriture inédites.

Thus history foregrounds the interaction between writing and the material character of the medium. It shows, too, that there is always a gap between the coming of a new medium and the development of a writing specifically adapted to that medium: for instance, it took two hundred years to use the potential of print to the full. There is coexistence between the perception of radical change and the unfolding of these consequences over a long period of time. Drawing on history enables a better grasp of the idea that a new medium determines or modifies new writing possibilities and that these processes take a certain time to produce their effects. History shows, too, that any change of medium also entails losses: the move from manuscript to print, for instance, brought the disappearance of ***scholastic philosophy****, which was founded on a certain relationship with orality.

Do new forms of writing generate new forms of reading?

Absolutely! The computer made "*hypertext*" operational — a nonlinear form of reading involving choices conducive to combinations of writing and reading. But reading practices can also precede new forms of writing, as has sometimes happened in the history of written forms. Today new kinds of readers are appearing: where ten years ago the e-book fell flat, it now seems to be making real headway because readers have appeared who are ready to read an entire book on-screen. In this particular case, in which the book is simply transposed onto a digital medium — that's how it's described, anyway — the initial focus isn't on such-and-such a change in writing, but on a new form of reading that will maybe give rise to hitherto unknown forms of writing.

By making writing your core concern at the Chartreuse, you're taking a fresh look at the definition of the author.

In the world of the performing arts, and the theatre in particular, there's an enduring confusion between writing, text and book. Writing is a technology of memory, a way of conserving and handing on data. The text is the way you create an intelligible whole. The *Iliad*, for example, wasn't written, but assembled from songs based on mnemonic practices.

So you can have a text in an oral society. For three hundred years the theatre has been relying on a specific writing technology — print — and this has had various effects on creation in the theatre: detachment of author from reader, but also of author from actor; authorial control of the text; the absence of variants; the publishing of the text prior to performance. In the course of time a repertoire has taken shape, together with a set of enduring references and, in the final analysis, a relationship with the text as monument. But the contemporary situation in respect of the written is characterised by the use of different technologies, each of which generates specific effects. The theatre as institution must take account of these different technologies of the written, each of which produces specific modes of functioning.

Let's consider, for example, the characteristics of the digital, which as a medium is fluid and dynamic and lends itself to group work. These characteristics need to be set against creative processes in which the text itself is an issue within the process. It's no longer a prerequisite for the representation but a result of it.

En replaçant la notion d'écriture au centre de la Chartreuse vous réinterrogez la définition de l'auteur.
Dans le milieu du spectacle vivant et en particulier du théâtre, il y a une confusion persistante entre l'écriture, le texte et le livre. L'écriture est une technologie de la mémoire, un moyen de conserver des données et de les transmettre. Le texte est la manière dont on tisse un ensemble intelligible. *L'Iliade* par exemple, n'a pas été écrite mais assemblée à partir de chants fondés sur des pratiques mnémotechniques.

On peut donc avoir un texte dans une société orale. Le théâtre s'est adossé depuis trois siècles à une technologie particulière de l'écriture : l'imprimé. Celui-ci produit un certain nombre d'effets sur la création théâtrale : la mise à distance de l'auteur et du lecteur mais aussi de l'auteur et du comédien, le contrôle du texte par l'auteur, l'absence de variantes, l'édition du texte préalablement à sa représentation. Au fil du temps s'est créé un répertoire, un ensemble de références dans la durée, et en définitive un rapport monumental au texte. Mais la situation contemporaine de l'écrit est caractérisée par l'utilisation de différentes technologies qui chacune génère des effets spécifiques. L'institution théâtrale doit prendre en compte ces différentes technologies de l'écrit qui produisent chacune des fonctionnements particuliers.

Pensons par exemple aux particularités du support numérique qui est fluide, dynamique et se prête à un tissage collectif. Elles sont à mettre en regard avec des processus de création où le texte est mis en jeu au sein de ce processus même. Il n'est plus un préalable à la représentation mais issu d'elle.

À la Chartreuse, nous essayons de prendre en compte cette complexité de la situation de l'écrit en proposant des résidences individuelles d'auteur, mais aussi des résidences de conception au sein desquelles l'auteur est associé au processus de création d'un metteur en scène ou chorégraphe. Également, des résicences d'expérimentation et de recherche où des auteurs sont associés à un processus de création et où sont mis en jeu à la fois le dispositif technologique et l'écriture. C'est ainsi que l'auteur Elie Commins va venir à la Chartreuse pour écrire le texte que le spectateur du spectacle immersif de la compagnie Crew entend dans un casque de réalité virtuelle. C'est le philosophe allemand Friedrich Kittler (théoricien des médias et de littérature) qui évoque les réseaux de discours (« *discourse networks* ») : il reprend de Foucault l'idée qu'il y a des régimes discursifs mais il montre de manière très convaincante comment ceux-ci s'imbriquent avec des médias et sont même déterminés par ces derniers

Nous sommes en train de vivre une phase de transformation et de complexification à laquelle les institutions doivent prendre part pleinement. Cela ne signifie pas que la figure de l'auteur va disparaître. En revanche, force est de constater qu' il n'y a plus une homogénéité de pratiques (comme dans l'imprimé) mais une grande différenciation et une « *multi formalité* » des pratiques. De plus en plus, l'auteur est amené à s'inscrire de manière multiple dans la création théâtrale. Il peut devenir une sorte d'« *hyper auteur* » (quand l'auteur devient metteur en scène ou encore lorsqu' il écrit sur des logiciels lui permettant de s'exprimer avec plusieurs médias) ou à l'inverse, « *infra auteur* » (quand il apporte un matériau par la suite enrichi par d'autres). Ce qui me semble intéressant pour l'auteur, c'est de penser une oscillation des pratiques entre différents contextes et régimes d'écriture. On peut dire que, d'une certaine façon, certains types d'écriture reviennent à des pratiques théâtrales antérieures à l'imprimé, notamment dans les cas où le texte n'est plus antérieur au processus de création.

At the Chartreuse we're trying to take the complexity of the situation of the written into account via individual residencies for authors; but also via residencies in which the author is associated with the creative processes of a director or choreographer, and experimental and research residencies associating the author with a creative process involving both writing and the technological side. And so Elie Commins will be at the Chartreuse to write the text the spectator at the Crew company's new immersive performance will hear through a virtual reality helmet. Friedrich Kittler, German philosopher and media and literature theoretician, has come up with the idea of discourse networks: from Foucault he borrows the idea of "*discursive regimes*", but adds a convincing demonstration of how they overlap with and are even defined by the media.

We're living through a phase of transformation and complexification that institutions need to be fully involved with. This doesn't mean the disappearance of the author, but at the same time it has to be said that homogeneity of practice is a thing of the past (as in the print field) and has been replaced by enormous differentiation and "*multiformity*". More and more the author is being led to multiple forms of involvement in theatrical creation, and can be a kind of "*hyper-author*", as when he becomes a director or works with programmes allowing him expression in several media. Or he can be an "*infra-author*", when providing material to be added to by others. What seems to me to be interesting for the author is to think of practices fluctuating between different writing contexts and modes. You could say that, in a way, some kinds of writing are returning to pre-print theatrical practices, notably in cases in which the text is no longer anterior to the creative process.

Cela redéfinit aussi la notion et la pratique de la publication…

De fait, ces nouvelles formes d'écriture posent aussi la question : que veut dire publier à l'ère numérique ? Aujourd'hui, la publication est strictement associée à l' édition papier et donc au livre. Mais il y a toute une réflexion à mener sur ce que veut dire éditer des textes fluides, à dynamiques 'variables'. On sent bien que pour un certain nombre d'auteurs l'édition papier du travail théâtral ne correspond pas à leur pratique d'écriture. Mais nous manquons encore d'une réflexion et d'un modèle économique alternatif d'édition.

S'il y a une intermédialité de l'écriture, si l'écriture s'inscrit dans une écologie des médias de plus en plus complexe et différenciée, cela doit bien à un moment se traduire sur le plan éditorial.

Que devient le corps dans ces nouvelles formes d'expression ? Roland Barthes parlait du texte comme le « *corps certain* », le corps comme le texte deviendrait-il à l'ère des médias instables plus 'incertain' ?

La reconnaissance de la matérialité du texte ne va pas de soi dans la tradition idéaliste de la littérature ; mais à travers de multiples œuvres, il est manifeste que la matérialité de l'écrit émerge de l'interaction entre les propriétés physiques du médium et les stratégies d'écriture. La réflexion sur la manière dont le texte peut être produit par le mouvement du corps est encore plus embryonnaire. C'est en tout cas un vaste champ de recherche.

Dans cette recherche d'articulations entre 'mouvement' et 'texte', il faut évoquer une expérience intéressante conduite à la Chartreuse par la chorégraphe Kitsou Dubois, qui travaille avec l'auteur Sonia Chiambretto. Elle expérimente par le biais de capteurs aux pliures des coudes et des genoux la génération de texte par le mouvement des danseurs. Les danseurs ne sont plus dans un rapport d'interprétation par rapport au texte mais vont chercher le texte avec le mouvement. Ils vont chercher dans le texte de nouveaux espaces, des sens nouveaux, un rythme, une scansion du texte. Le texte devient plastique, le résultat d'une exploration singulière de l'espace, du temps et de la narration.

That also redefines the notion and practice of publication…

Actually, these new forms of writing also raise the issue of what publishing means in the digital era. At present publication is strictly associated with paper and so with the book. But some thinking has to be done about what it means to publish fluid texts with 'variable' dynamics. We're aware that for some writers a print version of their theatre work doesn't fit with their writing practice. But we still don't have a theory and an alternative economic model for publication. If there's an intermediate form of writing — if writing is part of an increasingly complex and differentiated media ecology — sometime or other it's going to find expression at publishing level.

What happens to the body in these new expressive forms? Roland Barthes spoke of the text as the "*certain body*"; but in the age of unstable media might the body, like the text, be becoming more 'uncertain'?

Recognition of the material nature of the text isn't automatic in the Idealist literary tradition; but in all sorts of works it's clear that the material nature of the written emerges from the interaction between the medium's physical properties and the strategies of writing. Speculation about the way text can be produced by the movement of the body is even more embryonic. Whatever the case, there's enormous scope for research.

Pourrait-on parler d'une double tendance avec ces nouvelles formes d'écriture : individualisation (copier-coller, téléchargement de l'info,...) et interconnexion (circulation des données) ?

En 2007, le Centre national des écritures du spectacle a proposé de lancer différentes dynamiques collectives de réflexion et de recherche, qui, à la manière de sondes[1], sont des agents d'exploration des conditions contemporaines de la création pour la scène. Dans la sonde sur les mutations de l'écrit, nous avons mis en place un ***scriptorium****, une fabrique d'écriture à travers différents supports : une page spécifique dédiée sur le site de la Chartreuse, un mail, des *Post-it*, un texto... Le *scriptorium* a recueilli le travail des rapporteurs et de l'ensemble des participants et peu à peu un texte virtuel est né à partir des commentaires et réactions sur les différentes interventions et les débats autour desquels étaient réunis les participants ; de nombreuses pratiques d'écriture liées au support numérique ont été utilisées : la « *googlisation* » des références et des personnes, les captures d'écran, le téléchargement d'images fixes et animées, l'inscription du temps réel de l'actualité du monde dans l'écriture. Des formes d'expression sont nées enfin des échanges entre les participants, notamment par le biais du mail, mettant en jeu la pseudonymie, la signature... créant une dramaturgie du masque dont les protagonistes sont restés cachés... On a ainsi assisté à la création d'un environnement scripturaire spécifique par l'interconnexion des ordinateurs.

In this quest for linkages between 'movement' and 'text', it's worth mentioning an interesting experiment at the Chartreuse by choreographer Kitsou Dubois, who works with author Sonia Chiambretto. Using sensors in the hollows of the dancers' elbows and knees, she's testing out generation of text by movement. The dancers are no longer interpreting a text, but are seeking to create one via motion. And in this text they're looking for new spaces, new meanings, a new rhythm and scansion. The text becomes visual, the outcome of a distinctive exploration of space, time and narrative.

Would it be accurate to speak of a dual tendency in these new forms of writing: individualisation (cut and paste, downloading of information, etc.) and interconnection (data circulation)?

In 2007, the National Centre for Performing Arts Writing suggested launching different collective dynamics for discussion and research: kinds of probes[1] agents for exploring contemporary conditions for creating for the stage. As part of the probe into changes in the written, we set up a ***scriptorium****, a writing workshop using very different media: a page specifically devoted to the Chartreuse site, email, post-its, SMSs and so on. The scriptorium assembled the work of the rapporteurs and the various participants, and little by little a virtual text emerged, based on commentaries and reactions to the different contributions and discussions among the participants. All sorts of digital writing practices were used: "*googling*" of references and people, screen shots, downloading of still and moving images, and the real time fitting of world events into writing. And then there were the forms of expression springing from exchanges between participants, notably via email, that challenged notions like the pseudonym and the signature, creating a drama of the mask whose protagonists remained hidden. In this way we witnessed the creation of a specific writing environment via computer interconnection.

1
Dans son texte de présentation des sondes figurant sur le site de la Chartreuse, Franck Bauchard rappelle que Marshall McLuhan envisageait le théâtre comme une « *multi-sonde* » explorant de manière incomparable, par sa capacité à combiner plusieurs médias, du jeu de l'acteur aux arts visuels, de la musique à la danse, son environnement culturel, médiatique et technologique.

In his text introducing the probes on the Chartreuse site, Franck Bauchard mentions that Marshall McLuhan saw the theatre as a "*multiprobe*" whose capacity to combine several media — acting, visual arts, music, dance — made it an incomparable explorer of its cultural, media and technological environment.

[*]
Philosophie scolastique : philosophie développée et enseignée dans les universités du Moyen Âge visant à réconcilier la philosophie antique, et en particulier l'enseignement et la philosophie première d'Aristote, avec la théologie chrétienne.

Scholastic philosophy: a philosophy developed and taught in medieval universities, intended to reconcile ancient philosophy, notably the teaching and early philosophy of Aristotle, with Christian theology.

Scriptorium vient du verbe latin *scribere* qui signifie 'écrire' ou 'celui qui écrit'. Ce nom désigne l'atelier dans lequel les moines copistes réalisaient des copies manuscrites, avant la réinvention de l'imprimerie en Occident. De nos jours, le *scriptorium* désigne par extension une salle dédiée aux travaux d'écriture.

Scriptorium: From the Latin *scribere* (to write) and *scriptor* (writer). This was the name given to the workshop where, before the reinvention of printing in the West, monks produced handmade copies of manuscripts. Today, by extension, the term *scriptorium* means a room devoted to writing.

technologies et créations chorégraphiques contemporaines au québec

Technologies and contemporary choreographic creations in Quebec

Normand Marcy

Il y a près d'une trentaine d'année, l'arrivée du numérique, dans le processus de création des artistes en danse, a contribué à changer progressivement le visage des œuvres présentées dans les salles de diffusion. Par exemple, la grande accessibilité des logiciels de traitement de l'image et du son, tous plus conviviaux les uns que les autres, a permis à plusieurs de ces artistes d'emprunter davantage les tangentes de la multidisciplinarité, de la réalité virtuelle et de l'interactivité. Entre technologie de masse et technologie de pointe, un petit panorama forcément partiel du travail de certains artistes et chercheurs du corps dansant numérique au Québec.

The coming of digitisation to the creative dance process some thirty years ago has led to a gradual change in the look of the works presented on stage. To quote one example, the ready availability of increasingly user-friendly image and sound-processing software had enabled a number of artists to branch out into multidisciplinarity, virtual reality and interactivity. From mass to cutting-edge technology, this article offers a necessarily incomplete overview of the work of certain artists and researchers in the field of the digital dancing body in Quebec.

Philippe Franck

Technologie de masse

La technologie de masse demeure la plus appropriée en danse pour la quasi-totalité des artistes québécois dont les productions sont subventionnées et diffusées par le réseau officiel de la danse contemporaine. Cette technologie est composée de logiciels généralement abordables pour le particulier : *Max / Msp / Jitter*, *Live*, *Reason*, *Final Cut*, *Adobe Premiere Pro*, etc. Le tout, supporté par du matériel *hardware* de type *MacBookPro* ou portables compatibles *IBM* et assisté par des périphériques — souvent détournés de leur fonction première ou trafiqués — du genre *iPod* avec micro intégré, mini caméras, capteurs électromagnétiques, petits potentiomètres, etc. Ces interfaces font généralement l'objet de nombreux forums de discussion ou de sites donnant accès à des tutoriels permettant d'en saisir le fonctionnement et l'intégration.

Mass technology

At present mass technology remains the most appropriate form for almost all those dance artists in Quebec whose work is subsidised and circulated by the official contemporary dance network. The technology mostly comprises economically accessible software — notably *Max/Msp/Jitter*, *Live*, *Reason*, *Final Cut*, *Adobe Premiere Pro*, etc. — used in conjunction with such hardware as *MacBookPro* or compatible *IBM* laptops, and often tweaked or rechannelled peripherals: *iPod* with built-in microphone, mini-cameras, electromagnetic sensors, small potentiometers, etc. As a rule these interfaces appear on a host of newsgroups and other sites providing tutorials on their functioning and integration.

passage de kondition pluriel – *Bains numériques #2*, Enghien-les-Bains, octobre 2007

Ceci dit, plusieurs artistes œuvrant dans le domaine de la danse au Québec, dont l'intérêt se porte sur l'utilisation des interfaces numériques, font souvent preuve d'une grande inventivité en utilisant une technologie de masse adaptée à leur budget. Pour livrer un exemple significatif, je citerai le travail du collectif kondition pluriel qui explore présentement un dispositif d'interactivité offrant la possibilité au public d'intervenir sur le déroulement de la représentation. Les spectateurs de la deuxième édition de *Bains numériques* (2007) ont d'ailleurs pu apprécier leur *passage*. Une installation dynamique et ludique où le « *spect-acteur* » agit sur l'image et le son. C'est alors par son mouvement et le résultat de ses manipulations — sur des capteurs distribués tant sur le costume de la danseuse qu'à l'intérieur de certains éléments scénographiques — qu'il devient partie intégrante de l'œuvre.

Technologie de pointe

La majorité de nos artistes contemporains en danse, au Québec, n'ont pas les budgets leur permettant de faire l'acquisition d'un outil technologique de pointe dispendieux dans l'optique d'en faire l'apprentissage sur plusieurs années, pour ensuite présenter une œuvre dont le processus de création se sera étalé sur trois, cinq ou même dix ans. Cela, parce qu'ils sont contraints de produire dans des délais très courts, avec souvent trop peu de temps de résidence en salle et avec un portefeuille plutôt léger.

In addition, a number of Quebec dance artists with a practical interest in digital interfaces have shown great ingenuity in adapting mass technology items to their budgets. One significant example is the kondition pluriel collective, whose *passage* was well received at the second *Bains numériques* in 2007. The group is currently looking into an interactivity system that allows the public to influence the course of a performance: a dynamic, fun device via which the "*spect-actor*" can modify image and sound. Through his movements and manipulations of sensors placed either on the costumes or inside items of equipment on stage he becomes an integral part of the work.

Cutting-edge technology

Most of Quebec's contemporary dance artists lack the budgets needed to acquire the kind of advanced technology that requires a learning period of several years before enabling productions whose creative process is spread over three to five or even ten years. They have no choice but to work within very limited time frames, and often very limited seasons.

Voilà pourquoi on ne retrouve cette gamme d'outils dispendieux que dans le secteur alternatif de la recherche-création universitaire en danse, lequel reçoit un support matériel et financier beaucoup plus important. Aussi, ce secteur ne se retrouve pas contraint aux mêmes délais de production. Pour illustrer ceci, nous prendrons l'exemple du ***LARTech****, dirigé par Martine Époque et Denis Poulin, dont la totalité des explorations tourne autour de l'utilisation d'interfaces numériques de capture du mouvement. Je développerai davantage ce point, vu ma connaissance du sujet et mon implication au sein de ce groupe de recherche, à titre d'assistant de recherche-création et opérateur de système de ***mocap****.

En 2005, Martine Époque a obtenu de la ***FCI****, via ***Hexagram / UQAM****, un ***système optique**** de mocap à 20 caméras infrarouge, pour une superficie de capture de 26 x 30 pieds, d'une valeur d'un demi million de dollars. Il s'agit du deuxième plus gros système au Québec, après celui de la compagnie de jeux vidéo Ubisoft, internationalement reconnue. Or, ce matériel allait servir, tout d'abord, à former — à titre d'opérateurs — deux jeunes étudiants et artistes en danse. Cela, dans le but qu'il n'y ait plus d'intermédiaire entre le créateur et l'outil technologique.

Selon Époque et Poulin, l'utilisation directe du système par les ***infochorégraphes**** allait permettre à ces derniers de développer une réflexion sur le corps dansant, la danse et leur mise en scène dans le virtuel, à partir des explorations et manipulations faites sur les interfaces de *mocap*, selon un point de vue et avec leurs connaissances d'artistes en danse — et non d'informaticiens. Cette formation dure depuis près de trois ans, à raison d'un minimum de deux jours par semaine.

Cutting-edge material is only to be found in the university-based sector of experimental-creative dance, which receives much more substantial backing in terms of money and equipment and is not subjected to the same production time constraints. One example is ***LARTech****, directed by Martine Époque and Denis Poulin, all of whose work revolves around the use of digital movement-capturing interfaces. I shall go into this aspect in greater detail, as I am a research-creation assistant and ***mocap**** system operator for this group.

In 2005 Martine Époque obtained from the Canadian Innovation Foundation (***FCI****), via the ***Hexagram/UQAM**** laboratory, an ***optical mocap system**** of 20 infrared cameras with a capture area of 20 x 30 feet. Worth half a million dollars, this is the second biggest system in Quebec: only Ubisoft, the internationally known video games company has a bigger one. The material was initially used to train two student dancers as operators, the aim being to "*eliminate the middle man*" between the dance creator and the technology.

According to Époque and Poulin, direct use of the system by the ***infochoreographers**** allowed the latter to work on the notions of the dance and the dancing body and their virtual mise en scène via explorations and manipulations based on the *mocap* interfaces; and to do so first and foremost as dance artists rather than computer specialists. Counting a minimum of two days a week, the training lasted some three years.

passage de kondition pluriel – Bains numériques #2, Enghien-les-Bains, octobre 2007

L'expertise acquise a permis à toute l'équipe d'explorer un paradigme de danse sans corps, à l'intérieur d'un projet intitulé *NoBody danse*, lequel s'est concrétisé, dans un premier temps, à travers la création du démo d'un *Sacre du printemps* en ***infochorégraphie**** de particules. Une première version haute définition (standard et stéréoscopique) de cette recherche-création subventionnée par le ***CRSH**** fait actuellement partie d'une exposition itinérante, lancée en février 2008 au Centre de production scientifique du Musée de la Nature et des Sciences de Sherbrooke, qui va parcourir le Canada.

Avec la concrétisation de ce démo, Le LARTech devient la toute première équipe au Québec (voire en Amérique du Nord) d'artistes en danse à avoir créé toutes les étapes d'une infochorégraphie de particules — à partir de mouvement humain — accompagnée d'une trame sonore originale, sans le concours extérieur d'une compagnie spécialisée, soit en mocap, soit en animation 3D, soit en musique électronique, soit en postproduction. Car le temps de formation mis à notre disposition, nous a permis — selon des degrés de spécialisation variant pour chaque membre — de nous familiariser avec les logiciels de traitement de data de mocap, de traitement de l'image, de traitement du son, de modélisation 3D et de postproduction.

Développement de projets

Ce contexte favorable à une recherche approfondie nous a offert la possibilité d'amorcer l'exploration de nouveaux projets dont l'axe giratoire est la capture du mouvement humain par les interfaces numériques de *mocap*. Deux projets sont présentement en cours : 1- la constitution d'une Banque de signatures du mouvement d'artistes québécois et canadiens en danse et 2- le développement d'un dispositif de ***transduction****, en temps réel, de data z,y,z en format ***c3d**** vers un signal sonore.

The expertise acquired has enabled the entire team to explore a paradigm of dance without bodies. This was part of a project titled *NoBody danse*, and initially gave rise to a particle ***infochoreography**** demo of the *Rite of Spring*. A first High Definition version (standard and stereoscopic) funded by the ***CRSH**** is currently part of a exhibition launched in February 2008 at the Exhibition Production Centre of the Musée de la Nature et des Sciences in Sherbrooke, and scheduled for a Canada-wide tour.

This demo makes LARTech the first dance team in Quebec, and maybe in North America, to have created from beginning to end a particle infochoreography — one based on human movement — accompanied by an original sound track, and to have done so without recourse to outside specialists in the fields of mocap, 3D animation, electronic music or postproduction. The training time made available to us meant that — with variable degrees of specialisation for each member — we could familiarise ourselves with mocap data processing software, and with image processing, sound processing, 3D modelling and postproduction.

Developing projects

This context conducive to indepth research gave us the chance to explore new projects revolving round the capture of human movement by mocap's digital interfaces. Two projects are currently under way: the first is the creation of movement signatures bank for dancers from Quebec and the rest of Canada; the second is the development of a real time, ***C3D-format**** system of z,y,z data ***transduction**** towards a sound signal.

[*]

C3d : type de format de fichier utilisé pour stocker et exporter les data x,y,z de capture du mouvement.
C3D: a file format for stocking and exporting x,y,z movement capture data.

CRSH : Conseil de recherches en sciences humaines du Canada.
CRSH: Social Sciences and Humanities Research Council, Canada's federal funding agency for university-based research and student training in the social sciences.

FCI : Fondation canadienne pour l'innovation.
FCI: Canadian Innovation Foundation.

FQRSC : Fonds québécois de la recherche sur la société et la culture.
FQRSC: Quebec Fund for Social and Cultural Research.

Hexagram : Institut de recherche / création en arts et technologies médiatiques.
Hexagram: A research/creation institute in the arts and media technology fields.

Identité motrice : caractère identitaire d'un sujet, relatif au mouvement (et non à l'apparence).
Movement personality: Singularity of individual movement. Generally recognised by a person's bearing: tics, posture, weight distribution, dynamics, etc.

Infochorégraphe : néologisme de Martine Époque, qui sert à désigner les artistes en danse utilisant l'informatique pour produire des œuvres dansées dont la représentation graphique passe par l'animation 3D.
Infochoreographer: Term coined by Martine Époque: a dance artist who draws on computer technology to produce dance works in the form of 3D animation.

Infochorégraphie : néologisme de Martine Époque, servant à désigner une œuvre produite par un (ou plusieurs) infochorégraphe(s).
Infochoreography: a work created by one or more infochoreographers.

LARTech : Laboratoire de recherche-création en technochorégraphie (www.lartech.uqam.ca).
LARTech: Laboratory for Research and Creation in Technochoreography (www.lartech.uqam.ca).

Mocap : Contraction de « *motion capture* ». Ce terme, au départ utilisé pour nommer uniquement les systèmes optiques de capture du mouvement, s'est généralisé aujourd'hui à tous les types de systèmes (optiques, magnétiques, mécaniques et inertiels).
Mocap: Abbreviation of "*motion capture*". Initially used only for optical motion capture systems, the term is now applied to all types: optical, magnetic, mechanical and inertial.

Personnalité du mouvement : caractère propre à la singularité d'un mouvement humain. Se reconnaît généralement par l'attitude d'une personne (tics, posture, gestion du poids et de la dynamique, etc.).
Movement identity: Identity of a subject in relation to movement (and not appearance).

Stéréoscopie : technique de reproduction de la perception en relief. La technique que nous utilisons nécessite le port de lunettes (pour anaglyphes) 3D légères.
Stereoscopy: Reproduction of visual perception in relief. The version we use requires the wearing of light 3D glasses.

Système optique (de mocap) : système dont la technique de capture du mouvement est effectué à l'aide de caméra envoyant un rayon infrarouge sur des réflecteurs (marqueurs) stratégiquement disposés sur le corps d'un sujet, lesquels réfléchiront cette lumière afin de calculer leur position z,x,z dans l'espace.
Optical system (mocap): Motion capture technique using cameras to send infrared rays to reflective markers strategically placed on the subject's body.

Transduction : opération de conversion d'un type de signal vers un autre. Ex : numérique vers analogue, photonique vers électrique, etc.
Transduction: Conversion of one type of signal into another. Examples include digital to analogue and photonic to electrical.

UQAM : Université du Québec à Montréal.
UQAM: University of Quebec in Montreal.

Rencontre dansée « *Effets de présence et virtualité* » avec Martine Époque et Denis Poulin – *Bains numériques #2*, Enghien-les-Bains, octobre 2007

La Banque de signatures est un projet subventionné par le ***FQRSC**** qui nous permettra, premièrement, d'enrichir notre patrimoine national d'une collection du mouvement de nos plus grands artistes en danse ; deuxièmement, de créer une borne interactive qui servira, dans un contexte muséal, à présenter ces signatures motrices de manière ludique à un public plus ou moins initié et, troisièmement, d'analyser ces séquences enregistrées, afin d'identifier les récurrences motrices qui caractérisent la singularité du mouvement de chaque sujet. Cela, pour une étude sur la constitution de la **personnalité du mouvement*** et de l'***identité motrice**** du sujet dans le monde, en nous basant notamment sur les recherches effectuées par le neurophysiologiste Alain Berthoz (2006, 2004, 1997) sur le « *sens du mouvement* ».

Finalement, le dispositif de transduction, tel que l'explique Christopher Dobrian (2001) — professeur au Département de musique de l'Université de Californie (Irvine) — servira à renverser la situation habituelle dans laquelle se trouve généralement le danseur qui doit « *suivre la musique* ». Le dispositif permettra alors que la musique — ou certaines modulations — soit générée(s) directement par le mouvement du danseur.

Cette opération qui, jusqu ici, n'a été significativement réussie — avec un système optique passif — que sur du data préenregistré, mettra à l'épreuve nos compétences acquises, vu sa complexité. Mais aussi, nous permettra de contribuer une fois de plus à cet élargissement du territoire de la création en danse, auquel le numérique a grandement participé au cours de ces trois dernières décennies.

Subsidised by the ***FQRSC****, the signature Bank will enable us firstly to enrich our national heritage with a collection of the movements of our greatest dance artists; secondly, to create an interactive terminal which can be used in museums to present the signatures in a lighthearted vein to a public more or less acquainted with dance; and thirdly, to analyse the recorded sequences and identify the distinctive features of the movement of each dancer. A further outcome will be a study of each dancer's ***movement personality**** and ***movement identity****, based notably on neurophysiologist Alain Berthoz's research into the "*meaning of movement*".

The transducer, as explained by professor Christopher Dobrian of the Department of Music at the University of California at Irvine, will reverse the usual situation in which the dancer has to "*follow the music*". Instead, use of the device will mean that the music — or certain modulations — is generated directly by the dancer's movements.

Given its complexity the operation, which so far has only really worked — using a passive optical system — in a context of prerecorded data, will really put our new skills to the test. But it will also allow us to make yet another contribution to the broadening of dance's creative horizons in which the digital has played such a significant part over the last thirty years.

Marqueurs

Le Petit Chaperon Rouge

scènes humanoïdes pour œuvres comportementales

humanoid stages for behavioural works

Entretien avec Florent Aziosmanoff, propos recueillis par Philippe Franck
interwiew to Florent Aziosmanoff conducted by Philippe Franck

Co-fondateur de l'association ART3000 qui gère à Issy-les-Moulineaux, Le Cube, un espace culturel entièrement dédié à la création numérique dont il est directeur de la création, Florent Aziosmanoff est aussi auteur multimédia confrontant, notamment avec une adaptation technologique du *Petit Chapon Rouge*, les dernières évolutions de la robotique avec des spectateurs devenus 'interacteurs'. Rencontre avec un chercheur-créateur d'œuvres techno-scéniques dans un imaginaire revisité qui révèlent nos comportements humains.

Florent Aziosmanoff is co-founder of the ART3000 association which runs the digital creation space Le Cube in Issy-les-Moulineaux, near Paris. Le Cube's creative director, Aziosmanoff is also a multimedia artist: his high-tech adaptation of *Little Red Riding Hood* reflects an agenda based on the latest developments in robotics and spectators transformed into 'interactors'. Interview with a researcher/creator whose techno-stage works take a fresh, revealing look at human behaviour.

En quoi cette vie et ces corps 'artificiels' que vous mettez en scène nous informent-t-ils sur notre vie et notre corps 'actuels' ?

Dans cette question, il y a à la fois du vrai et une vue de l'esprit. Cela fait une vingtaine d'années que j'entends poser la question du corps réel / virtuel qui est un thème récurrent des discours attenants aux arts numériques. Certes, il y a une vraie emprise physique, notamment si l'œuvre s'exprime à travers des robots qui donnent littéralement corps aux personnages, mais le vrai enjeu, c'est ce qui se passe dans l'esprit des gens. L'intérêt de ce *Petit Chaperon Rouge* ne réside pas dans les machines en tant que telles, mais dans ce qu'elles produisent dans l'esprit du spectateur. Le résultat, c'est ce qui reste de cette expérience dans notre imaginaire dans notre conscience ou dans les résonances inconscientes. Néanmoins, il est vrai que ce type d'œuvres comportementales s'exprime spécifiquement au travers de la relation, l'œuvre fait bouger les gens d'une certaine manière.

Just what do these 'artificial' bodies you present tell us about our lives and our 'actual' bodies?

There you have a mix of the concrete and the purely theoretical. For twenty years now I've been fielding the question of the real/virtual body — it crops up all the time when the digital arts are being discussed. True, there's a genuine physical presence, especially if the work uses robots to literally embody the characters; but the real issue is what happens in people's minds. The interest of *Little Red Riding Hood* doesn't lie in the machines as such, but in what they produce in the spectator's mind. The result is what the experience bequeaths to the imagination, or to our consciousness or subconscious. However, it's true that behavioural works like these find specific expression in relationships; they affect people in a certain way.

Par exemple, avec le *Petit Chaperon Rouge*, si les spectateurs sont debout, ils restent dans une vision synoptique. Ils peuvent aussi être 'mis' à quatre pattes par l'œuvre qui les attire alors dans une situation fusionnelle. Le siège du discours d'un roman est dans le texte et le public doit s'emparer de ces mots. Dans le cas du *Petit Chaperon Rouge* avec les robots, l'essentiel s'exprime dans les mouvements entre les protagonistes et avec le public, c'est dans cette relation que se trouve le support du discours. Le spectateur doit être impliqué de l'intérieur et pour que la relation s'établisse, sinon le substrat de l'œuvre n'est pas constitué. Certes, il existe ici une incarnation de l'acteur virtuel dans le réel, dont le corps 'incorpore' celui du spectateur dans le discours de l'œuvre. Néanmoins, au final, c'est la dimension symbolique de la relation qui est en jeu.

Quelles sont les grandes mutations qu'un récit de fiction robotique, mis en scène comme vous l'avez fait avec trois robots-chiens *Aibo* dans votre adaptation du *Petit Chaperon Rouge*, éclaire au niveau de l'écriture et de la dramaturgie ?

J'ai découvert au fur à mesure des diffusions depuis 2002, que des petites filles plongeaient complètement dans l'histoire. Le conte leur est spécifiquement destiné et, avec cette adaptation, elles fonctionnaient totalement dans le système de projection proposé. Elles pensaient vraiment qu'elles avaient rencontré le Petit Chaperon Rouge. Du coup, ce qu'elles cherchaient, c'était de vivre un moment personnel avec ce robot, à avoir une relation particulière avec lui. Si nous transposons dans le monde des adultes, nous pouvons penser par exemple au film *Pretty woman*. Si le spectateur y est propulsé, il aura peut être envie de séduire lui-même Julia Roberts ou Richard Gere, plutôt que d'intervenir directement dans le récit. Il y a là une sorte de paradoxe, dans lequel le héros n'existe que parce qu'il est partie prenante d'une histoire qui le fabrique, et en même temps, c'est avec le personnage et non avec le récit proprement dit que le spectateur va vouloir avoir une relation. On peut toujours observer de loin, mais si on intervient, on veut avoir sa propre relation avec les protagonistes, pour exister soi-même.

For example, if the people watching *Little Red Riding Hood* are standing up, their view of the work remains synoptic. They can also be 'put' on hands and knees by the work, which then draws them into a fusional situation. The locus of the discourse of a novel is in the text, and the reader has to appropriate the words. In the case of *Little Red Riding Hood* the heart of the matter is the movement taking place between protagonists and public: the discursive medium lies in this relationship. The spectator has to be involved from within if the relationship is to be established, otherwise the underpinning of the work is missing. True, here we have an embodiment in reality of the virtual actor, whose body 'incorporates' the spectator's into the work's discourse. But in the final analysis what's at stake is the symbolic aspect of the relationship.

What are the major changes that a robotic fiction presented in this way — three robot dogs in an adaptation of *Little Red Riding Hood* — highlights in terms of writing and stagecraft?

I discovered in the course of the performances since 2002 that little girls got totally involved in the story. The tale is specifically designed for them and faced with this adaptation they fitted perfectly into the intended system of projection. They really thought they had met Little Red Riding Hood and so what they were looking for was a personal moment with the robot, a special relationship with it. Transposed into the adult world, this situation recalls, for example, the film *Pretty Woman*. If the spectator is propelled into the film he or she might actually want to seduce Julia Roberts or Richard Gere, rather than directly influence the narrative. There's a sort of paradox here: the hero only exists because he's involved in a story that creates him, but at the same time the spectator wants a relationship with the character and not with the narrative as such. You can always observe from a distance, but if you get involved you want your own relationship with the protagonists so as to exist yourself.

Si on se projette maintenant plus spécifiquement dans l'espace scénique d'un spectacle, on peut fabriquer un personnage qui aura sa forme d'autonomie et les autres acteurs auront à composer avec lui, avec sa capacité d'improvisation. Cependant je crois que la perspective la plus intéressante est celle de l'utilisation des robots dans la vie de tous les jours, en les dotant d'une fonction de message, que ce soit pour le divertissement ou le service. Le fait de les mettre en situation de fiction les installera d'une manière problématisée avec leur public. Pour revenir sur le *Petit Chaperon Rouge*, une petite fille qui rencontre ce personnage va passer des heures à dialoguer avec le robot, qui s'installe dans une relation symbolique complexe, alors que le même robot en mode 'jouet' n'intéresse les enfants que quelques dizaines de minutes, au mieux.

Comment voyez-vous dans ces prochaines années le développement du corps scénique avec l'apport des prothèses de plus en plus développées et de la robotique ?
Je pense que dans le spectacle vivant ce qui compte, c'est ce que perçoit le spectateur depuis sa position, et que toutes les 'tricheries' sont possibles. Un personnage artificiel sur scène peut aussi bien être une marionnette avec un interprête derrière qui l'anime, un automate, ou un robot autonome qui saura prendre des initiatives, pourra gérer les incidents, et tout cela sans que le spectateur soit en mesure de savoir ce qui est réellement à l'œuvre. Tout est permis, du moment que cela permet l'expression recherchée, et les acteurs numériques autonomes peuvent sans doute rendre ici des services.

If you project yourself more specifically into the stage space of a performance, you can fabricate a character with his own kind of autonomy, and the other actors will have to come to terms with him, and with his ability to improvise. But I feel that the most interesting approach is that of using robots in everyday life, of giving them a message function either for entertainment or practical purposes. The fact of putting them into a fictional situation creates a problematic relationship with the audience. To come back to *Little Red Riding Hood*, a little girl who meets the character is going to dialogue for hours with the robot, who sets up a complex symbolic relationship; whereas the same robot in 'toy mode' is going to interest children for a quarter of an hour at most.

How do you see the stage body developing in the years to come, given input from more and more sophisticated prostheses and from robotics?
I think that what counts in live performance is what the spectator perceives from his vantage point, and the fact that you can 'cheat' as much as you like. An artificial character can just as easily be a marionette with somebody out of sight pulling the strings, an automaton, or an autonomous robot that can take the initiative and deal with the unexpected — and all that without the spectator being aware of what's really going on. Everything's okay as long as there's room for indepth expression; and autonomous digital actors can no doubt be a great help here.

Si on se dégage de la situation de diffusion conventionnelle, on peut imaginer dans l'avenir que le spectacle soit mis à disposition du spectateur chez lui et non plus nécessairement dans une salle collective. Chacun pourrait avoir chez soi son système de personnages virtuels, et se programmer par exemple un solo de Carolyn Carlson ou un *Cyrano*, quand il en a envie. C'est une perspective qui permet à chacun d'avoir son spectacle chez lui ; ici l'artiste interprète disparaît et c'est l'auteur qui s'exprime directement, à travers le système autonome de représentation qu'il a défini.

L'autre possibilité est de se centrer sur l'artiste et sa qualité d'interprétation, avec l'outil numérique qui vient augmenter sa capacité d'expression. Si on met *stricto sensu* à la disposition de l'interprète un système de commande de l'environnement audiovisuel, cela lui demande une grande maîtrise dans la technique de jeu, pour ne pas lui apporter forcément beaucoup plus. Et cela n'est pas nécessairement lié à la révolution numérique, je pense, par exemple, à Loïe Fuller qui au début du vingtième siècle s'inscrivait déjà dans un système de manipulation visuelle, en dansant avec ses grands jeux de voiles sur lesquels étaient projetées des lumières de couleur.

On peut également penser au concert techno, qui met en scène un interprète pilotant une batterie de machines fonctionnant avec un certain degré d'autonomie. Si on projette cette image plus avant, il pourrait être environné d'acteurs autonomes qui comprendraient ses intentions, pour le consacrer en « *chef d'orchestre numérique* », sans orchestre réel et avec pour seul interprète lui-même. On peut donc imaginer ce type de déploiement, dont on voit que l'interactivité serait en réalité une relation avec un système d'acteurs aux comportements autonomes qui comprendraient et exécuteraient la volonté du performer, dans un dispositif dont les éléments s'organiseraient et se réguleraient entre eux. Dans cette vision prospective, l'enjeu serait de pouvoir déployer un discours plus complexe, sans que l'interprète en perde le contrôle.

If you drop the idea of the conventional performance situation, it's imaginable that one day the performance will be available in the home and not necessarily in a theatre. Everyone could have his own system of virtual characters on call and watch a Carolyn Carlson dance solo or a *Cyrano de Bergerac* whenever he feels like it. In this context the artist/interpreter disappears, and the author expresses himself directly via the autonomous representational system he's defined.

The other possibility is to home in on the performer and his individual style, using the digital tool to augment his expressiveness. If the performer is to be directly equipped with a command system for the audiovisual environment, he already has to have enormous acting technique and won't necessarily gain very much. This approach isn't linked solely to the digital revolution, either. I'm thinking, for example, of Loïe Fuller in the early twentieth century: she used a system of visual manipulation by dancing with a set of veils that had coloured lights projected onto them.

There's the techno concert, too, where you have someone piloting a whole set of machines that function with a degree of autonomy. If we take this image further, the performer could be surrounded by autonomous actors who would understand his intentions and crown him head of the digital orchestra — but with no actual orchestra and he himself as sole performer. So this kind of arrangement is imaginable: its interactivity would in fact be a relationship with a system of actors behaving autonomously and understanding and carrying out the will of the performer within a system whose elements would be collectively self-organising and self-regulating. In this imagined view of things, the issue would be to implement a more complex discourse without things escaping the performer's control.

1
ART3000, association culturelle créée en 1988 par Nils et Florent Aziosmanoff, sélectionnée en 2001 par la Ville d'Issy-les-Moulineaux pour créer, animer et gérer Le Cube (Centre de Création Numérique) depuis son lancement. ART3000 anime un réseau international de créateurs, constituant un espace multiculturel et transdisciplinaire d'échanges et de réflexions sur l'art numérique. (www.lesiteducube.com)
Founded in 1988 by Nils and Florent Aziosmanoff, the cultural association ART3000 was chosen by the City of Issy-les-Moulineaux in 2001 to set up and direct the digital creation centre Le Cube. Coordinator of an international artistic network, ART3000 is a multicultural, interdisciplinary space for exchange and speculation in the digital art domain. (www.lesiteducube.com)

Quels types de partenariats art-science avez-vous tissés avec Art3000[1] et pour votre travail sur la vie artificielle et la fiction interactive ?
Je vais vous apporter une réponse à contre courant des positions exprimées dans le 'milieu' des arts numériques depuis des années. Si on réfléchit bien à la vocation des uns et des autres, on pourrait avancer que le chercheur cherche et que l'artiste trouve. La vocation des chercheurs étant de chercher, ils ne présentent rien que l'on puisse immédiatement utiliser. Ils définissent des principes ou des mécanismes qui permettront plus tard, et en général par d'autres qu'eux-mêmes, de mettre en œuvre des solutions utilisables. Je me méfie des chercheurs-artistes dans le numérique, qui ne seraient finalement bons ni d'un côté ni de l'autre. Au quotidien, j'ai, au Cube, une activité d'auteur et surtout de producteur. Dans notre atelier, où nous travaillons principalement sur l'intelligence artificielle, nous sommes intéressés par des outils efficaces et fiables, pas par des perspectives spéculatives, parce que dans le cas d'une œuvre d'art, il faut que concrètement ça marche.

Je pense évidemment que des échanges intéressants peuvent sortir des rencontres entre les chercheurs et les artistes. Ces derniers utilisent les outils et les concepts qui ont été élaborés par les chercheurs, qui peuvent eux-mêmes sans doute être inspirés par les pratiques artistiques contemporaines. On peut dire qu'il y a là une convection des idées et des problématiques qui doit se faire. A mon sens cependant, ces échanges doivent être organisés par des structures passerelles facilitant une vraie circulation des idées, tant fondamentales que pratiques. Pour ce qui est de la production, on connaît bien ce fantasme de produire des choses où la science et l'art se côtoieraient davantage. Toutefois, dans le domaine des arts numériques, je pense qu'à ce jour cela produit parfois de belles 'démos', mais peu de résultats artistiquement (et sans doute même scientifiquement) probants.

What kinds of art-science partnerships have you set up with ART3000[1], and for your work on artificial life and interactive fiction?
My reply is going to go counter to what people have been saying in digital arts circles for years now. If you really think about what different people are doing, you could say that the researcher seeks and the artist finds. Since the business of researchers is research, they don't come up with anything you can use straight off. They lay down principles or mechanisms which, later on and as a rule in the hands of other people, enable implementation of practicable solutions.
I mistrust researchers-artists in the digital domain: often they're no good in either field. At Le Cube my everyday work is as author and, above all, producer. In our workshop, which is mostly devoted to artificial intelligence, what interests us is effective, reliable tools, not speculation about the future; because in the case of a work of art the important thing is that it should work.

Obviously I think that interesting exchanges can come out of encounters between researchers and artists: the artists use the concepts and tools developed by the researchers, who themselves can certainly be inspired by contemporary artistic practices. You could say that ideas and issues should be disseminated by a process of convection. As I see it, however, these exchanges need to be structured by bridging bodies that allow for real circulation of ideas, both fundamental and practical. Where production's concerned, we're well acquainted with the fantasy of producing things that bring science and art closer together. But in the domain of the digital arts my feeling is that so far we've had a few fine demos, but very little in the way of results that are artistically (and by the same token scientifically) convincing.

perception & sensorialité

perception & sensoriality

les sciences du mouvement : art & handicap

production du mouvement : une interaction étroite entre espace perceptif et espace moteur

the sciences of movement: art & handicap

producing movement: close interaction between perceptive space and motor space

Francis Lestienne

Entre un professeur scientifique à l'Université de Caen Basse-Normandie, Francis Lestienne, explorateur des galaxies du système nerveux et un chorégraphe, Pedro Pauwels, désireux de faire partager au public des « *perceptions augmentées* », s'est nouée une collaboration fructueuse portant sur deux pièces chorégraphiques prospectives et évolutives, *Sens 2* et *Sens 3* (qui ont fait l'objet de présentations et de discussions nourries aux *Bains numériques #1* et *#2*). Verticalité et tactilité, muscularité et productions sonores…, des champs de recherches artistiques et scientifiques s'ouvrent et se donnent à expérimenter à ces communautés mais aussi aux spectateurs de manière sensible. Francis Lestienne retrace savamment le fil rouge de ces investigations récentes entre sensorialité, handicap et perceptivité, une « *boussole tactile* » à la main.

Francis Lestienne, science professor at the University of Caen Basse-Normandie and explorer of the galaxies of the nervous system; and Pedro Pauwels, a choreographer have set out to make the public share "*augmented perceptions*". Between the two there sprang up a fruitful collaboration involving two forward-looking adaptive dance works, *Sens 2* and *Sens 3*, whose performance at *Bains numériques #1* and *#2* gave rise to vigorous discussion. Verticality, tactility, muscularity and soundworks: new fields of research and experimentation open up not only to the artistic and scientific communities, but to the spectators as well. "*Tactile compass*" in hand, Francis Lestienne tracks the main strands of recent investigations into sensoriality, handicapand perceptivity.

Philippe Franck

Sens 3 – *centre des arts*, Enghien-les-Bains, décembre 2006

Le corps humain est caractérisé par un très haut niveau de complexité du fait de son organisation anatomique constituée par des centaines de segments corporels connectés par plus de huit cents muscles. Cette complexité confère à cette chaîne poly-articulaire le support biomécanique permettant d'assurer la stabilité posturale et de produire une myriade de gestuelles. Celle-ci prend naissance à partir des mouvements coordonnés pour lesquels 'virtuosité', 'habileté' et 'élégance' reposent sur le haut degré de flexibilité du système pluri-musculaire. En d'autres termes comment le Système Nerveux (SN) contrôle-t-il l'activité motrice qui s'exprime dans l'espace tridimensionnel tout en conciliant l'existence de la contrainte gravitaire terrestre ?

An anatomical structure comprising hundreds of segments connected by over eight hundred muscles makes the human body a very complex organism indeed. This complexity provides the polyarticular chain with the mechanical underpinning for postural stability and a host of different, coordinated movements whose 'virtuosity', 'skill' and 'elegance' are ensured by the sophisticated flexibility of a plurimuscular system. The core question remaining is how the nervous system (NS) reconciles control of motor activity expressed in three-dimensional space with the existence of the pull of gravity?

Cette question fondamentale du contrôle moteur provoque et nourrit des débats animés mais toujours actuels auxquels la biomécanique et la neurophysiologie apportent une contribution. Aborder ce domaine en se focalisant uniquement sur l'aspect moteur n'est pas envisageable. L'aspect perceptif est nécessairement intégré à toute démarche théorique et expérimentale afin d'aborder la production du mouvement. Rappelons très brièvement que pour organiser le positionnement ou le déplacement des segments corporels dans l'espace, le SN dispose d'interfaces spécialisées entre l'organisme et le monde extérieur que sont les récepteurs sensoriels.

Quatre grandes familles peuvent être décrites (Figure 1). Le capteur visuel renseigne sur la structure et la topographie du monde extérieur. Grâce à sa rétine périphérique, il est également un excellent détecteur et analyseur de mouvement du flux optique. Les mouvements céphaliques dans l'espace peuvent être détectés à la fois par le système visuel (1) et par les ***capteurs vestibulaires**** situés dans l'oreille interne (2) constituant ainsi une véritable centrale gravito-inertielle sensible aux mouvements angulaires et linéaires de la tête. Les mouvements des segments corporels et par conséquent les variations de longueur et de force des muscles ainsi que les rotations articulaires sont mesurés par les ***capteurs proprioceptifs**** (3 a, b, c). Enfin, les capteurs tactiles (4) situés au niveau cutané participent aussi à la mécano-sensibilité consécutive à la déformation du derme liée aux pressions et aux frottements sur la peau.

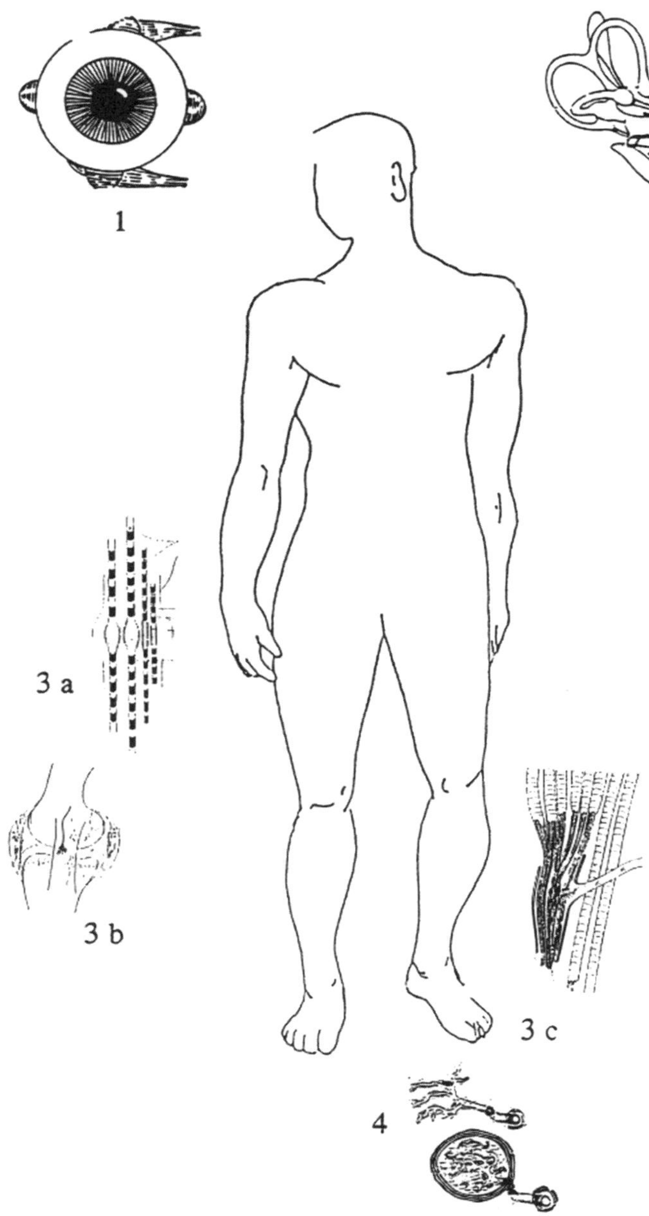

Figure 1
Voir explication dans le texte
See explanation in the text

This fundamental question generates and fuels constant debate to which biomechanics and neurophysiology have their own contribution to make. However, this domain cannot be approached purely in terms of the motor aspect. The perceptual side is of necessity an integral part of any theoretical/experimental approach to the production of movement. It should be briefly pointed out that for organising the positioning or movement of the bodily segments in space the NS is endowed with specialised interfaces between the organism and the external world: the sensory receptors.

Four main families of such receptors can be described (fig. 1). The visual sensor provides information on the structure and topography of the outside world, while its peripheral retina also makes it an excellent detector and analyser of optical flow. The head's movements in space can be detected both by the visual system (1) and the vestibular sensors situated in the inner ear (2), which in combination form a gravito-inertial focal point that reacts to angular and linear movements of the head. The movements of the bodily segments and, consequently, articular rotations and variations in the length and strength of muscles are measured by ***proprioceptive sensors**** (3 a, b, c). Finally, the ***tactile sensors**** (4) situated at skin level also contribute to mechano-sensitivity in responding to deformations of the dermis caused by pressure or friction.

Complementarity of sensory information

It should not be forgotten that as early as 1902 French mathematician Henri Poincaré pointed out in his philosophical writings and in particular in *Science and Hypothesis* the role of movement in the genesis of our notion of space. For Poincaré, while "*movements take place in three-dimensional space, it is not necessary to represent them in this space, but only to represent the physical sensations accompanying them*". These sensations thus play a predominant part in the construction of a space that would never have come to exist without them. In his analysis of the role of "*visual impressions*", Poincaré demonstrates that visual space is only a part of space and that "*true space is motor space, and that experience has taught us that it is convenient to ascribe three dimensions to space*".

Regarding the vestibular sensors needed for our sense of direction, it is clear that these organs exist to warn us of changes taking place in the external world — to detect acceleration due to movement and rotation of the head — and "*not to warn us that space is three-dimensional*". Through integration of information at neuronal level we deduce the orientation of our head. Nonetheless, these sensations teach us nothing about the movements of the torso and limbs relative to the head, nor about the changes of position the latter can undergo. Thus there is a patent need for complementarity between the muscular and vestibular sensations associated with the tactile ones.

Complémentarité des informations sensorielles

Soulignons qu'en 1902 le mathématicien français Henri Poincaré montrait, dans ses ouvrages philosophiques et plus particulièrement dans *La Science et L'Hypothèse*, le rôle joué par les mouvements dans la genèse de la notion d'espace. Selon Poincaré, « *si les mouvements ont lieu dans l'espace tridimensionnel, il n'est pas nécessaire de se les représenter dans cet espace mais seulement de se représenter les sensations qui les accompagnent* ». Ces sensations auraient une influence tout à fait prépondérante dans la construction de l'espace qui n'aurait jamais pris naissance sans elles. Considérant par ailleurs le rôle des « *impressions visuelles* », Poincaré démontrait que l'espace visuel n'est qu'une partie de l'espace et que « *le véritable espace est l'espace moteur et que c'est l'expérience qui nous a appris qu'il est commode d'attribuer à l'espace trois dimensions* ».

Quant au capteur vestibulaire qui est nécessaire au sens de l'orientation, il est clairement établi que ces organes des sens sont destinés à nous avertir des changements qui se produisent dans le monde extérieur — détection de l'accélération consécutive à la translation et la rotation de la tête — et « *non pas à nous avertir que l'espace est à trois dimensions* ». Par une intégration au niveau neuronal on en déduit l'orientation de la tête. Néanmoins ces sensations à elles seules ne nous apprennent rien sur les mouvements relatifs du tronc et des membres par rapport à la tête ni sur les translations qu'elle peut subir. La nécessité d'une complémentarité entre les sensations musculaires et vestibulaires associées aux sensations tactiles se justifie pleinement.

Substitution sensorielle et informations tactiles
Une autre et importante aptitude du SN concerne l'existence de la substitution sensorielle qui est liée à l'extrême plasticité cérébrale. Une des plus classiques illustrations de la substitution sensorielle est donnée par l'alphabet de Braille qui permet aux aveugles l'accès à la lecture en substituant l'information visuelle par celle du toucher. De très nombreux travaux, consacrés à la sensibilité aux vibrations des récepteurs tactiles ont montré que la vibration mécanique de faible amplitude constitue un stimulus particulièrement efficace pour activer les mécanorécepteurs cutanés sensibles aux déformations mécaniques de la peau.

Parmi ces travaux, le rôle spécifique des informations d'origine tactile plantaire dans le contrôle postural a été démontré au niveau des points d'appui antérieur et postérieur de la sole plantaire. Associé aux informations kinesthésiques — vestibulaire+proprioceptive —, le rôle spécifique de la modalité tactile intervient dans le contrôle postural fin et contribue ainsi à la construction de la verticale subjective, qui dans les situations où la perception visuelle de la verticale est perturbée, devient déterminant pour le contrôle de l'orientation.

Dans les exemples que nous venons de signaler, si les récepteurs tactiles apparaissent comme une modalité sensorielle participant avec les systèmes vestibulaire, proprioceptif et visuel à la perception de l'orientation du corps, ces mêmes récepteurs peuvent participer à des opérations cognitives de reconnaissances de formes après apprentissage.

Sensory substitution and tactile information
Another significant aptitude of the NS has to do with the existence of sensory substitution, related to the brain's extreme plasticity. A major classical illustration of sensory substitution is provided by the Braille system, which allows the blind to read by replacing visual with tactile information. Numerous studies of the sensitivity of tactile receptors to vibration have shown that low-level mechanical vibration is a particularly effective stimulus for activation of the cutaneous mechanoreceptors sensitive to mechanical deformations of the skin.

In the same studies the specific role of information of plantar tactile origin in posture control has been demonstrated in respect of the sole's front and rear contact points. In association with kinaesthetic — vestibular and proprioceptive — information, the tactile mode plays a specific part in fine posture control and so contributes to the construction of the subjective vertical, which itself becomes decisive in orientation control when visual perception of the vertical has been disturbed.

While tactile receptors appear in the examples just quoted as a sensory modality working with the vestibular, proprioceptive and visual systems in perception of bodily orientation, the same receptors can also, after a learning process, play a part in cognitive operations involving recognition of forms.

La boussole tactile
Nos travaux ont permis de jeter les bases techniques et méthodologiques pour la mise au point d'un instrument de guidage du geste — ou aide au mouvement — utilisant la modalité sensorielle tactile prenant naissance au niveau des mécanorécepteurs de la peau. Les aptitudes de ces récepteurs tactiles au codage spatial et temporel sont liées à l'extrême sensibilité, acuité et rapidité du traitement du signal tactile. C'est à partir de cette sensibilité cutanée que nous avons proposé de mettre en œuvre un codage tactile fourni par une matrice tactile ou « *boussole tactile* », dispositif matriciel constitué de micro-stimulateurs vibratoires disposés à la surface de la peau délivrant des messages tactiles destinés au guidage du mouvement et à l'aide à la navigation terrestre. De ces travaux il en est ressorti que les sujets avaient une excellente capacité pour reconnaître des « *formes tactiles* » ou « *images tactiles* ».

Les éléments les plus saillants qui encadrent ces études font apparaître un statut particulier à deux notions : celle de « *sémantique tactile* » et celle d'« *apprentissage perceptif* ». La notion de « *sémantique tactile* » résulte de représentations structurales reconnaissables non pas par leur forme (statique) mais par un patron spécifique du déplacement (dynamique) des points de stimulations vibro-tactiles appliquées à la surface de la peau. Le mouvement de ces points de stimulation forme ainsi une trace mnésique tactile qui évoque l'action à accomplir sur la base de prescripteurs tactiles :
> directionnels : gauche, droite, haut, bas, avant, arrière…
> cinématiques : avancer, arrêter, accélérer, freiner…
> kinésiologiques : descendre, monter, tourner…

L'« *apprentissage perceptif* » résulte de la plasticité cérébrale dans le traitement cognitif du codage tactile. De ce fait l'apprentissage sera facilité par la mise en œuvre de procédures d'apprentissage. L'apport des nouvelles technologies — réalité virtuelle et réalité augmentée — aidera à la réalisation de protocoles cognitifs originaux permettant la consolidation de cet « *apprentissage perceptif* ».

Figure 2.1

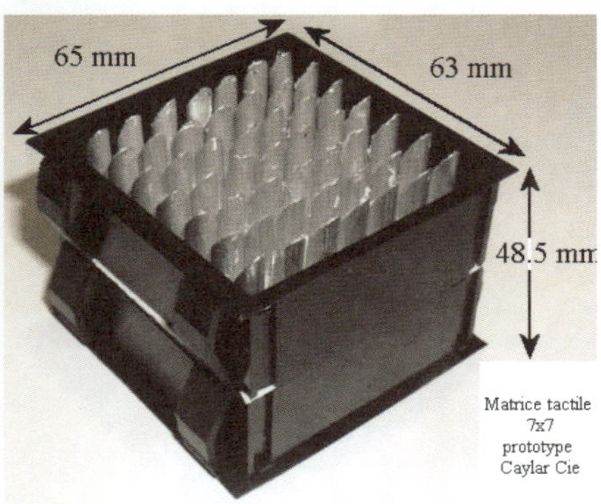

Figure 2.2
Deux types de boussole tactile : « compacte » (figure 2.2) et « éclatée » (figure 2.1) permettant de la configurer selon la localisation anatomique.
Two types of tactile compass: "compact" on the left and "fragmented" on the right, allowing for configuration according to anatomical localisation.

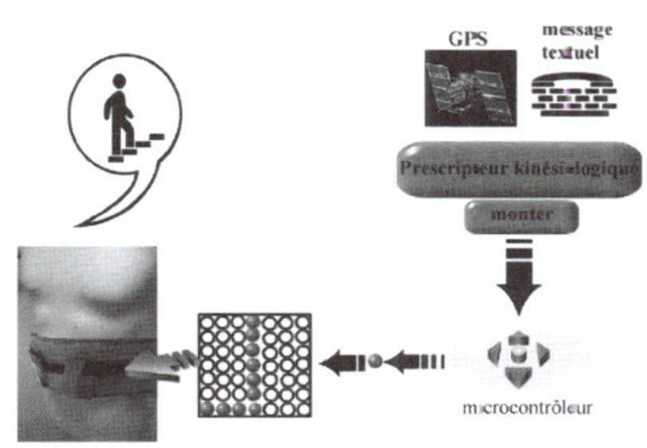

Figure 3
Boussole tactile appliquée au contrôle la navigation terrestre
Tactile compass applied to control of terrestrial navigation

The tactile compass

Our studies have enabled us to establish the technological and methodological foundations for an instrument for guiding — or assisting — movement which draws on the tactile sensory modality springing from the cutaneous mechanoreceptors. The capacities of these tactile receptors in terms of spatial and temporal encoding are linked to the extreme sensitivity, acuity and rapidity of our processing of tactile signals. On the basis of this cutaneous sensitivity we had the idea of making use of tactile encoding provided by a matrix or "*tactile compass*", a device made up of vibratory microstimulators placed on the surface of the skin and delivering tactile messages intended to guide movement and aid terrestrial navigation. From this work it has emerged that the subjects had a highly developed ability to recognise "*tactile forms*" and "*tactile images*".

The most significant shaping factors in these studies have a character that is distinctive in terms of two notions: those of "*tactile semantics*" and "*perceptual learning*". "*Tactile semantics*" results from structural representations recognisable not by their (static) shape, but by a specific pattern of (dynamic) movement of points of vibro-tactile stimulation applied to the skin. The movement of these points thus forms a mnemonic tactile trace suggesting the appropriate physical action in the light of a set of tactile prescribers:

> directional: left, right, high, low, forward, back, etc.
> cinematic: advance, halt, accelerate, slow down, etc.
> kinesiological: ascend, descend, turn, etc.

"*Perceptual learning*" results from cerebral plasticity in the cognitive processing of tactile encoding. This means that learning is facilitated by the implementation of learning procedures. Input from new technology — virtual and augmented reality — will assist the development of original cognitive protocols allowing for the enhancement of "*perceptual learning*".

Figure 4

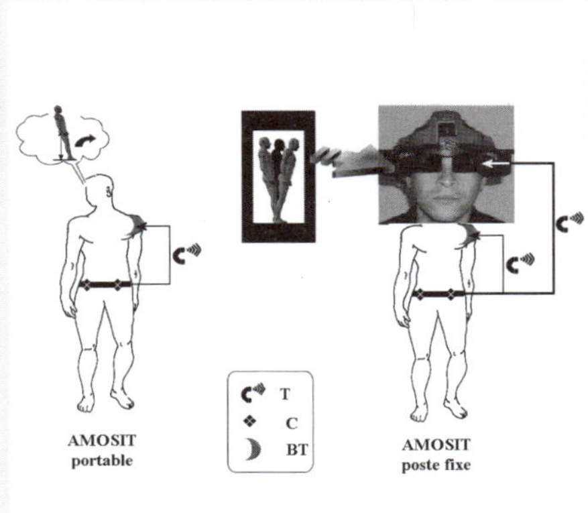

Figure 5

Des applications artistiques aux applications cliniques

Ces travaux théoriques, adossés aux plus récents développements technologiques, ont permis d'envisager de nouveaux modes d'interaction et de communication entre art et science fondamentale[1] avec une ouverture applicative dans le domaine des handicaps sensoriels. Par exemple, l'application de notre recherche académique sur la danse et les nouvelles technologies en liaison avec nos études sur le guidage du geste au moyen d'une « *boussole tactile* », s'est concrétisée par la création de deux chorégraphies avec la compagnie Pedro Pauwels. *Sens 2 ou la mélodie musculaire du corps dansant* fait émerger une perception non visuelle du corps dansant par « *captation des bruits internes du corps* », ici l'activité électromyographique (EMG) des muscles. Ces sons sont ensuite inclus dans une partition musicale servant de support à la pièce chorégraphique. *Sens 2* permet de transcender l'art visuel qu'est la danse en le rendant complémentaire par une 'visibilité' sonore de la poésie gestuelle. Les signaux EMG, numérisés, sont transformés, en temps réel, en signaux sonores pouvant laisser surgir des mélodies musculaires chargées 'd'émotion interne' qui peuvent être perçues par le spectateur au moyen de cet autre canal perceptif : l'ouïe.

Applications: from artistic to clinical

Taken in conjunction with the latest technological developments, this theoretical work means we can foresee new modes of interaction and communication between art and fundamental science, with applications in the field of sensory handicap. In one instance the application of Francis Lestienne's academic research to dance and new technology, in combination with our studies on the guidance of movement with a "*tactile compass*", has found concrete expression in two dance works written with the Pedro Pauwels company. In *Sens 2 ou la mélodie musculaire du corps dansant* (or the muscle melody of the dancing body) generates a non-visual perception of that body via "*recording of its internal noise*" — in this case the electromyographic (EMG) activity of the muscles. The sounds obtained are then incorporated into a musical score for the dance piece. *Sens 2* enables transcendence of the visual art of dance by using a sound-based 'visibility' of gestural poetry to render it complementary. The digitised EMG signals are transformed in real time into sound signals allowing for the upsurge of muscle melodies shot through with 'internal emotion'; these melodies can then be perceived by the spectator via the other perceptual channel of hearing.

Figure 4
Sens 2 ou la mélodie musculaire du corps dansant fait émerger une perception non visuelle du corps dansant par la captation des signaux électriques des muscles en action et de les transformer, en temps réel, en signaux sonores.
Sens 2 ou la mélodie musculaire du corps dansant (or the muscle melody of the dancing body) generates a non-visual perception of that body by recording electrical signals coming from the muscles in action and transforming them, in real time, into sound signals.

Figure 5
La Plateforme AMOSIT « *Aide à la Motricité par la sensibilité tactile* » exploite la fascination des jeux vidéo en vue de la rééducation de l'équilibre en favorisant le canal sensoriel tactile. Ensemble miniaturisé portable (à gauche). Centrale d'entraînement fixe (à droite) BT : Boussole tactile intégrée dans une brassière / C : Capteurs cinématiques — inclinomètre — incorporés dans une ceinture / T : Transmission des messages analogiques (cinématiques ici) vers la boussole tactile et vers un casque de réalité virtuelle animant un clone (silhouette colorée) en 3D afin de le faire coïncider avec le clone de référence (silhouette noire).
The AMOSIT (Motor Function Assistance through Tactile Sensitivity) system makes use of the fascination of video games in balance rehabilitation by working via tactility. Miniaturised portable device (left). Fixed training device (right). TC: Tactile compass incorporated into an undershirt / C: Cinematic sensors — inclinometer — incorporated into a belt / T: Transmission of analogue messages (cinematic in this case) towards the tactile compass and a virtual reality helmet activating a 3D clone (coloured silhouette) so as to make it coincide with the reference clone (black silhouette)

Figure 6
Sens 3 ou Verticalité et tactilité (une pièce chorégraphique à découvrir les pieds nus). Des capteurs de mouvements situés sur le corps des danseurs transmettent aux spectateurs des informations tactiles, en temps réel, sur 'la verticalité' des danseurs au moyen de coussins tactiles sur lesquels reposent les pieds des spectateurs.
In, Sens 3 ou Verticality and Tactility (choreographic work you discover barefoot), motion sensors on the dancers' bodies provide spectators with real time tactile information on the dancers' 'verticality'. This is done using tactile cushions placed under the spectators' feet.

1
Une convention de partenariat entre l'Université de Caen et le *centre des arts* d'Enghien-les-Bains signée en 2007 permet d'accentuer les liens étroits entre Art et Science au travers des recherches chorégraphiques utilisant les potentialités des technologies nouvelles sur la perception non visuelle du corps en mouvement.
A partnership agreement signed between the University of Caen and the Enghien-les-Bains *centre des arts* in 2007 enhances the already close links between art and science via choreographic experiments using the potential of new technology to influence the non-visual perception of the body in movement.

[*]
Capteurs vestibulaires situés dans l'oreille interne, souvent désignés comme récepteur de l'équilibration, comprennent deux structures : les organes otolithiques qui détectent les accélérations linéaires de la tête et les canaux semi-circulaires qui détectent les accélérations angulaires de la tête.
Vestibular sensors: Situated in the inner ear and often described as the balance receptors, vestibular receptors comprise two structures: the otolithic organs which detect linear acceleration of the head; and the semicircular canals that detect angular acceleration of the head.

Capteurs proprioceptifs localisés dans les muscles squelettiques détectent les changements de longueur des fibres musculaires. La sensibilité proprioceptive et la sensibilité vestibulaire participent à la sensibilité kinesthésique (*Kines* = mouvement) qui renseigne le cerveau sur le mouvement, la position, la force des différents segments corporels et l'orientation du corps.
Proprioceptive sensors: Situated in the skeletal muscles, proprioceptive receptors detect changes in the length of the muscle fibres. Proprioceptive and vestibular sensitivity contribute to kinaesthetic sensitivity (Gk. kines= 'movement') which provides the brain with information regarding movement, position, the strength of the various bodily segments and bodily orientation.

Sens 3 – centre des arts, Enghien-les-Bains, décembre 2006

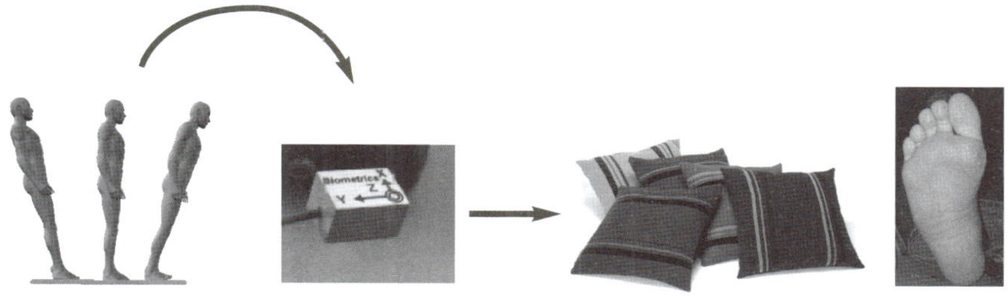

Figure 6

Sens 3 or *Verticalité et tactilité* is a performance you discover barefoot. In his exploration of the domain of the sensory Pedro Pauwels seeks to make tangible movement that must reconcile the force of gravity with the maintaining of bodily balance. In *Sens 3* movement sensors attached to the performers' bodies send the audience real-time tactile information on the dancers' 'verticality'. Reception of the information is effected by a system of vibrators set in a "tactile cushion" under the spectators' feet. *Sens 3* thus sets up a tactile communication between performers and spectators which in a way resembles the sign language of braille, the semantics of which — admittedly very limited — could be likened to kinesiological prescribers, such as 'lean', 'turn', 'crouch', etc. ⏩○

The applicative aspects in the handicap field are managed by the *Rapsodie* Technological Research Team at the University of Caen. The focus is on clinical features in relation to rehabilitation of the orientation processes — posture and movement — resulting from sensorimotor deficits. Backed by Caylar, an industrial sponsor, the team works in collaboration with the Montreal Rehabilitation Institute (affiliated with the University of Montreal) and the Jewish Rehabilitation Hospital (affiliated with McGill University).

Sens 3 ou *Verticalité et tactilité* est un spectacle à découvrir pieds nus ! Dans son exploration du domaine du sensible, Pedro Pauwels cherche à rendre tangible le mouvement qui doit concilier l'existence de la contrainte gravitaire terrestre tout en assurant le maintien de l'équilibre corporel. Dans *Sens 3*, des capteurs de mouvements, situés sur le corps des danseurs, transmettent aux spectateurs des informations tactiles, en temps réel, sur 'la verticalité' des danseurs. La réception de ces informations est assurée par un dispositif de vibreurs encastré dans un « *coussin tactile* » sur lequel reposent les pieds des spectateurs. *Sens 3* établit ainsi entre les interprètes et les spectateurs une communication tactile qui pourrait être d'une certaine façon apparentée au langage des signes — le Braille — dont la sémantique, certes très limitée, serait assimilable à des prescripteurs kinésiologiques : 'se pencher', 'tourner', 's'abaisser'… ⏩○

La dimension applicative dans le domaine du handicap est assurée par l'Equipe de Recherche Technologique — ERT *Rapsodie* — de l'Université de Caen. Elle est axée sur les aspects cliniques en relation avec la rééducation des processus d'orientation (posture et mouvement) consécutifs à des déficits sensorimoteurs. Cette ERT, adossée à un partenaire industriel — société Caylar —, bénéficie de la collaboration de l'Institut de Réadaptation de Montréal affilié à l'Université de Montréal et de l'Hôpital Juif de Réadaptation affilié à l'Université McGill.

les ateliers RAN : une expérience sensible sur la capture des signaux physiologiques pour le spectacle vivant

a sensory experiment: the RAN workshops on the capture of physiological signals for live performance

Christian Jacquemin

Un des volets importants du Réseau Arts Numériques (RAN) lancé à l'initiative du *centre des arts* d'Enghien-les-Bains en 2007 est de croiser la recherche scientifique à la recherche artistique sur des enjeux concrets. Plusieurs 'expériences pilotes' ont été menées *in vivo* avec des applications concrètes auxquelles participent des chercheurs, des artistes et des observateurs critiques. Christian Jacquemin, chercheur et animateur d'une série de rencontres artistico-scientifiques, en résume les principaux questionnements.

Created at the instigation of the Enghien-les-Bains *centre des arts* in 2007, the RAN (Réseau Arts Numériques) Digital Arts Network has made one of its major concerns the combining of scientific and artistic research. A number of 'pilot experiments' have been carried out *in vivo*, using concrete applications and the participation of researchers, artists and critical observers. Here Christian Jacquemin, researcher and coordinator of a series of artistic-scientific encounters, sums up the main issues.

Philippe Franck

Le Réseau Arts Numériques (RAN) a pour vocation de rassembler des acteurs issus du monde artistique, scientifique et culturel dans un projet commun afin de favoriser les rencontres et les projets transversaux autour de l'utilisation des technologies numériques dans le spectacle vivant. La tâche est difficile si l'on ne veut pas qu'elle se réduise à des approches utilitaires, voire utilitaristes, où l'on confond art et esthétique (du côté scientifique), science et technique (du côté artistique) et vidéo-projection et art vidéo (du côté culturel). La condition de la réussite d'un projet transversal comme celui du RAN, mêlant des pratiques et des représentations très variées, passe par une réflexion de fond sur la signification d'une recherche hybride entre arts et sciences.

Quelles sont les conditions d'une rencontre qui enrichit les problématiques de tous les acteurs, qui ne se résume pas à une juxtaposition et qui débouche sur la construction d'objets de recherches communs, transversaux et originaux qui n'auraient pas pu voir le jour sans la présence de tous ? Enfin, quelle restitution faire de ces travaux afin de rendre compte des avancées conjointes en prouvant que la science y gagne (de nouvelles frontières ont été franchies) et que l'art y trouve sa force (de nouvelles œuvres sont créées qui n'auraient pas pu se faire hors de ces rencontres) ?

The aim of the Digital Arts Network (RAN) is to bring together participants from the artistic, scientific and cultural domains in a shared project intended to foster encounters and transversal projects revolving around the use of digital technology in the performing arts. Not an easy task if the intention is to avoid reduction to pragmatic or purely utilitarian approaches that confuse art and aesthetics (on the scientific side), science and technology (on the artistic side) and video-projection and video art (on the cultural side). The prerequisite for success for this kind of transversal project, with its mix of varied practices and representations, is an indepth consideration of what hybrid art-science research means.

What are the preconditions for an encounter that contributes to the areas of concern of all the players, transcends simple juxtaposition and leads to the construction of shared, transversal, original research objects that would not have existed without this global input? And how is the work done to be presented in a way that covers joint progress by proving that science reaps the benefit (new boundaries have been crossed), and art gains in strength (new works exist that would not have been created without these encounters)?

Afin d'apporter des réponses à ces questions, d'instaurer de nouvelles pratiques et de construire progressivement une communauté interdisciplinaire, nous avons décidé de réaliser une série de quatre ateliers d'expérimentations et de pratiques communes. La communication affective est un sujet scientifique d'actualité dans l'informatique des interfaces et de l'interaction. Il s'agit d'un thème transversal qui implique des psychologues, des informaticiens, des linguistes, des ergonomes... Il vise à comprendre, représenter et faciliter le contenu émotionnel dans la communication médiée par la machine.

Ce sujet de recherche propose des modèles cognitifs de gestion des émotions, il développe des outils pour leur représentation, leur reconnaissance (sur des sujets humains) et leur synthèse (sur des personnages virtuels). Une partie du travail de recherche se fait à partir de données enregistrées de personnes dans des états émotionnels variés. Certains de ces corpus sont issus de captures en situation non contrôlée, par exemple des interviews télévisuelles, d'autres sont issus d'enregistrements d'acteurs — on parle alors de « *corpus actés* », enfin les données peuvent être collectées dans des situations semi-contrôlées en laboratoire.

Dans tous les cas, il s'agit, tant par l'analyse que par les modèles, de mieux comprendre nos états émotionnels afin d'offrir une informatique plus respectueuse de la sensibilité humaine. Les captures portent soit sur des signaux externes tels que la voix (prosodie, intensité, disfluences...), le geste ou les expressions du visage, soit sur des signaux internes qui peuvent difficilement être collectés sans le recours à des capteurs (rythme cardiaque, respiration, signaux musculaire, activité cérébrale...).

In the interest of finding answers to these questions, setting up new practices and gradually constructing an interdisciplinary community, we decided to implement a series of four workshops for shared experiments and practices. Affective communication is a topical scientific subject in the realm of computer interfaces and interaction, and represents a transversal notion involving psychologists, computer specialists, linguists, ergonomists and others. Its goal is to comprehend, represent and facilitate emotional content in machine-mediated communication.

As a research subject it proposes cognitive models of emotional management, develops tools for their representation, recognition (in human subjects) and synthesis (in virtual individuals). Part of the research is carried out using data collected from persons in different emotional states. Some of the data comes from such uncontrolled situations as TV interviews; some, referred to as "*acted data*", from recordings of actors; and some from semi-controlled situations such as laboratories.

In all cases the aim, via analysis or models, is improved comprehension of our emotional states with a view to rendering computerdom more sensitive to the human. The information collected relates either to external signals such as the voice (prosody, intensity, disfluency, etc.) and facial movement or expression, or to internal signals not easily collectible without sensors: cardiac rhythm, respiration, muscular and cerebral activity.

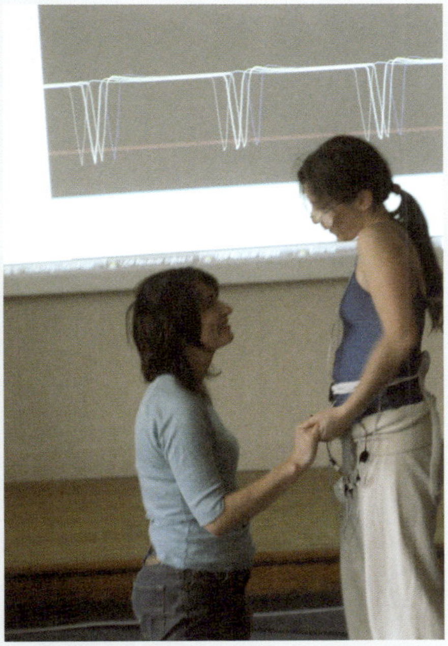

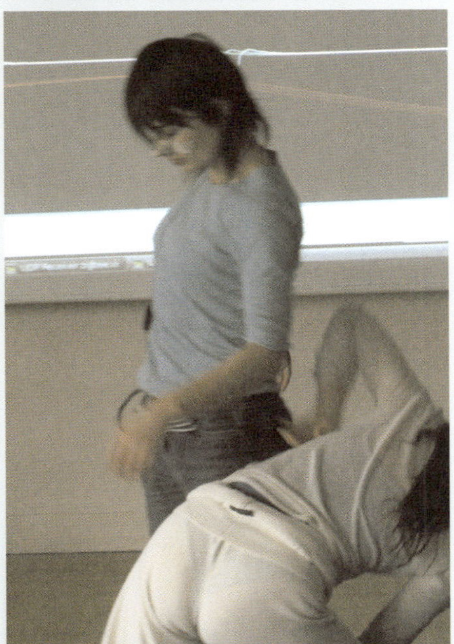

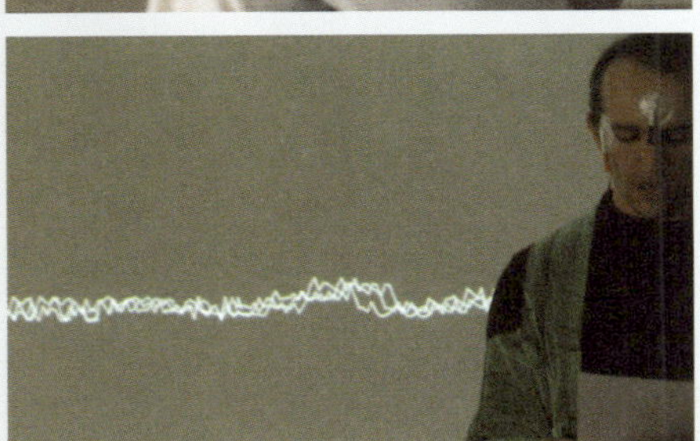

Atelier RAN #2 « *Perception et sensorialité* », LIMSI-CNRS, Orsay, janvier 2008

L'essor de ces recherches nous a amené à nous poser la question de l'intérêt que peut avoir pour le spectacle vivant une capture et une reconnaissance des états émotionnels. Et inversement, nous avons souhaité étudier l'intérêt que peut avoir pour la recherche scientifique un travail avec des performeurs sur la production et la capture des indices de leurs émotions dans une situation de jeu plus ou moins contrôlé. Pour cela, nous avons organisé quatre ateliers, centrés successivement sur « *la capture, la reconnaissance et la restitution des émotions en situations de jeu* ». Ces ateliers ont été voulus itinérants pour habiter des lieux aux histoires et aux vocations différentes, tour à tour le *centre des arts* d'Enghien-les-Bains en septembre 2007, le LIMSI-CNRS en janvier 2008, Mains d'Œuvres en mars 2008, et le Centre de Formation des Techniciens du Spectacle en mai 2008.

Au moment où est rédigé ce texte, seuls les deux premiers ateliers ont eu lieu. En plus des échanges intellectuels sur lesquels je reviendrai, ils ont permis de réaliser des ***captures de signaux physiologiques**** sur deux performeuses (le rythme cardiaque et la respiration). Ces captures ont été réalisées soit dans des situations d'improvisation libre, soit dans des situations de performances contrôlées par des consignes préalables. Une première exploitation scientifique de ces données a permis de produire des résultats en synthèse audio à partir de ces signaux et en animation de personnages virtuels. Sur le plan artistique, ces expérimentations créent les conditions d'arguments scénographiques mêlant la performance, la capture et l'analyse des signaux, et leur restitution dans l'espace scénique.

The advent of this kind of research has led us to wonder what interest the capture and recognition of emotional signals might have for live performance. Conversely, we wanted to look into the interest for scientific research of working with two performers on the production and capture of emotional clues in a more or less controlled acting situation. To do this we organised four workshops, focusing successively on "*the capture, recognition and recreation of emotions in play situations*". The workshops were itinerant, the aim being to explore places with different histories and purposes: the Enghien-les-Bains *centre des arts* in September 2007, the LIMSI-CNRS in January 2008, Mains d'Œuvres in March 2008, and the Performance Technicians Training Centre in May 2008.

At this writing only the first two workshops have taken place. In addition to the intellectual exchanges I shall discuss later, they enabled ***capture of physiological signals**** — cardiac rhythm and respiration — from two women performers. The captures were carried out either in free improvisation situations or in controlled performance situations subject to prior instructions. An initial scientific application of the data enabled production of audio synthesis results from the signals and animation of virtual characters. In artistic terms these experiments make possible scenographic propositions combining performance, capture and analysis of signals, and recreation of the signals in the performance space.

Mais ce qui fait sens dans ce travail se trouve à la jonction entre les arguments artistiques et les travaux scientifiques. Comment l'artiste peut-il donner à voir au public une expérience sensible ? Que signifie l'augmentation émotionnelle d'une performance ? Comment peut-on distinguer l'émotion exprimée (et donc perçue par le spectateur) lors d'une performance de l'émotion effectivement vécue par le performeur ? Quelle influence a la restitution graphique ou sonore des états émotionnels d'un performeur sur sa pratique ? Quelles données capturer sur un performeur pour permettre une classification des émotions dans un espace de représentation ? Quel espace de description des émotions choisir ? Y a-t-il un sens à comparer la perception des émotions véhiculées par une performance vivante avec celles produites par un performeur virtuel animé à partir de l'analyse d'une performance ? Quel mode d'association choisir entre des signaux physiologiques capturés sur un performeur et leur restitution graphique, sonore, lumineuse ?

La complexité de ces questions vient de la multiplicité des facteurs en jeu dans ce que nous observons. La communication affective met en jeu la cognition (les processus de gestion des émotions en fonction d'une personnalité et d'un contexte, les actes que ces émotions déclenchent, les signaux qu'elles nous font produire...), le système neuro-végétatif (la respiration, les battements cardiaques, la transpiration...), le système sensori-moteur (les gestes, le toucher, les expressions faciales...), la communication orale et non verbale, la perception et la sensorialité.

But what gives this research meaning is something to be found at the junction of the artistic propositions and the scientific work. How can a performer make a sensory experience visible to the audience? What does emotional augmenting of a performance mean? How can we distinguish between the emotion expressed, and thus perceived by the spectator, during a performance and the emotion actually experienced by the performer? What is the influence of graphic or sound-based recreation of a performer's emotional state on his practice? What data need to be captured from a performer to enable classification of emotions in a representational space? What space should be chosen for the description of emotion? Does it mean anything, perceptually, to compare the emotions expressed in a live performance with those produced by a virtual performer activated by analysis of a performance? What associational mode should be chosen for physiological signals captured from a performer and their recreation as image, sound or light?

The complexity of these questions lies in the sheer number of factors involved in what we are observing. Affective communication calls into play cognition (processes of emotional management according to a given personality and context, the acts these emotions trigger, the signals they make us produce, etc.), the neurovegetative system (respiration, heartbeat, perspiration, etc.), the sensorimotor system (movement, touch, facial expression, etc.), oral and non-verbal communication, perception and sensoriality.

Ne pas traiter ces champs d'observation affaiblit forcément le propos, mais nous devons commencer par la mise en place de champs expérimentaux hybrides. C'est ce à quoi s'emploient ces ateliers. Nous y résolvons des problématiques de capture et de transmission de signaux, d'apprentissage automatique, d'association entre signaux d'entrée et synthèse sonore et graphique. Nous découvrons des modes d'improvisation où les performeuses sont à la fois créatrices de contenus artistiques et objets d'analyse. Nous y poursuivons des recherches scientifiques dont les objectifs s'affinent en découvrant les signaux et leurs propriétés, en appliquant des outils d'apprentissage automatique, et en expérimentant des sorties graphiques ou sonores. La voie s'ouvre ensuite vers des recherches plus ambitieuses telles que nous les avons évoquées dans cet article.

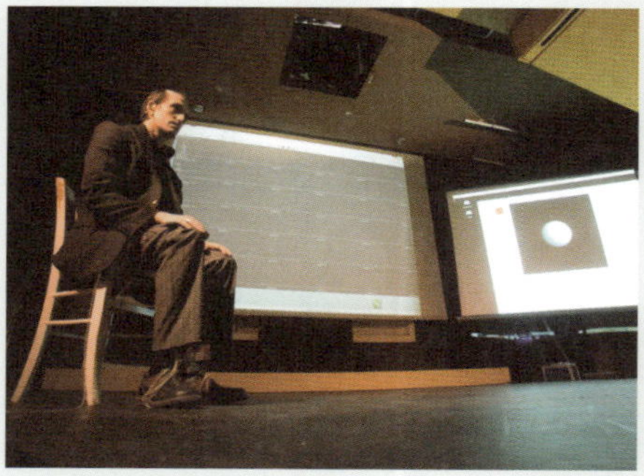

To ignore these observational fields necessarily weakens the overall notion, but we have to begin with hybrid experimental fields. This is what these workshops are for. There we resolve the issues of capture and transmission of signals, automatic learning, and association of incoming signals with graphic and sound synthesis. In doing so we discover improvisational modes in which the women performers are simultaneously creators of artistic content and subjects of analysis. We are pursuing lines of scientific research whose aims are honed as we learn more of the signals and their properties, as we make use of automatic learning tools, and as we experiment with graphic and sound-led outcomes. These processes lay the foundations for more ambitious research as outlined earlier in this article.

Atelier RAN #3 « Perception et sensorialité » *Mains d'Œuvres*, Saint-Ouen, mars 2008

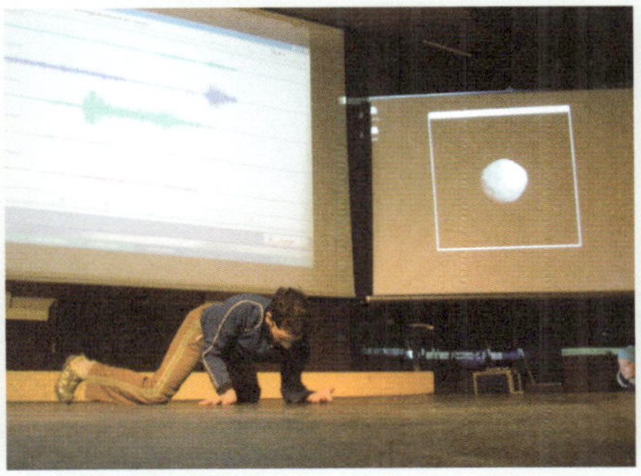

[•]
La capture de signaux physiologiques est la récupération de signaux électriques émis par le corps tels que l'activité musculaire ou les ondes cérébrales, ainsi que des informations de pression, de température, de conductivité de la peau… Ces signaux jouent un rôle important dans la détection des états émotionnels. De ce fait, leur capture pour le spectacle vivant a une finalité très différente de la capture des postures et mouvements qui porte plus sur des modes de contrôle conscients liés à la l'activité biomécanique du corps humain.
Capture of physiological signals is the recording of electrical signals emitted by the body — muscular signals, brain waves, etc — and information relating to skin pressure, temperature and conductivity. As these signals play an important part in the detection of emotional states, their capture in the live performance context has a very different purpose from that of the capture of postures and movements, which bear more on conscious modes of control linked to the human body's biomechanical activity.

corps
en réseau

03

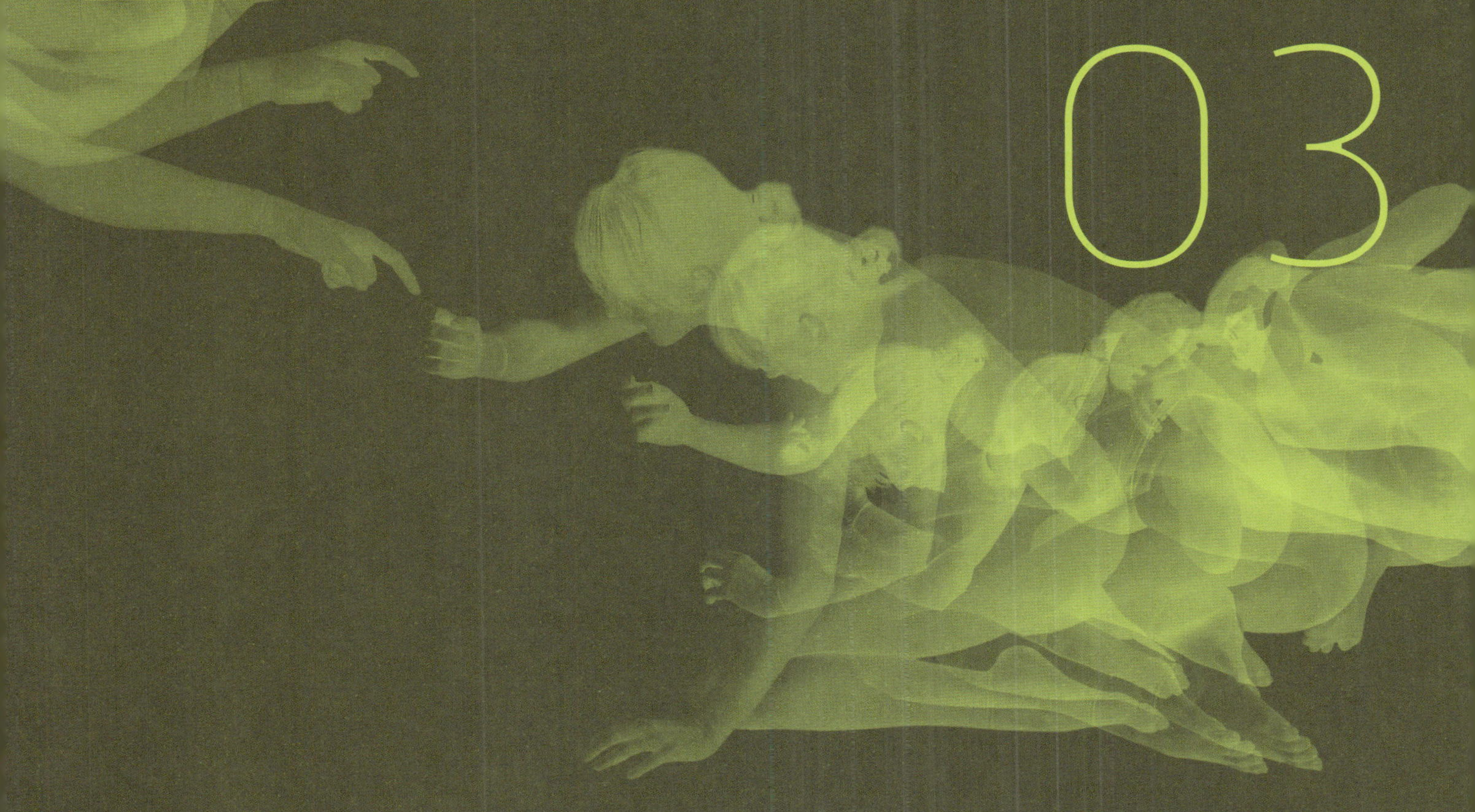

petits états des lieux des arts numériques en france

state of the digital arts in france

les arts numériques à l'heure de la reconnaissance

the digital arts : recognition at last

Jean-Noël Montagné

Cinquante ans après les premières œuvres interactives de Nicolas Schöffer[1], et vingt ans après la popularisation des ordinateurs personnels, les arts numériques sont enfin reconnus dans leur diversité et leur richesse. La dénomination d'art numérique est pourtant aussi imprécise que la dénomination d'***art électronique**** à la mode dans les années 70 et 80 : elle ne saurait indiquer ni école, ni médium, ni esthétique, mais la présence au sein du processus artistique d'un dispositif informatique ayant participé à son élaboration ou participant en temps réel à son animation ou à sa diffusion. Rapide état des lieux du point de vue d'un praticien engagé.

Fifty years after Nicolas Schöffer's first interactive works[1] and twenty years after the wholesale arrival of the personal computer, the digital arts have finally achieved recognition for their richness and diversity. And yet the term digital art remains as imprecise as the ***electronic art**** of the 70s and 80s: it specifies no school or medium or aesthetic, but rather the presence of a computer-led system contributing either to the creative process itself or to the work's functioning or distribution in real time. What follows is a quick overview by a committed practitioner.

Philippe Franck

Fourre-tout technologique

L'art numérique est un « *fourre-tout technologique* » dans lequel on peut retrouver des concepts aussi différents que l'***interactivité****, la ***générativité****, la ***virtualité****, l'***intelligence artificielle**** ainsi que la plupart des domaines informatiques liés à l'acquisition, à la manipulation et à la diffusion de données. Du point de vue artistique, les arts numériques englobent des pratiques artistiques définies, comme le ***Net art****, ***le VJing****, ***l'art algorithmique****, le jeu vidéo, la sculpture numérique, mais surtout les formes hybrides mélangeant arts plastiques, musique, danse, théâtre, cirque, architecture, design, art environnemental, et, en général, toute expression créative.

Contexte général

Le domaine des arts numériques est à la fois très vivant, notamment dans les pays où la culture numérique est la vitrine d'un dynamisme industriel lié aux nouvelles technologies, mais est quasiment exclu d'un marché de l'art traditionnel qui ne s'intéresse pas encore aux produits non stockables et non identifiables par les investisseurs. Profondément lié à l'émergence et à l'obsolescence des technologies, à leur détournement, à l'implication des technologies dans le social et l'environnemental, l'art numérique est par nature très évolutif et donc insaisissable, inqualifiable.

A technological grab bag

Digital art is a technological grab bag in which we can find concepts as different as ***interactivity****, ***generativity****, ***virtuality**** and ***artificial intelligence****, together with most of the computer fields relating to acquisition, manipulation and distribution of data. From the artistic point of view digital art includes such specific forms as ***Net Art****, ***VJing****, ***algorithmic art****, video games and digital sculpture, as well as hybrids involving the visual arts, music, dance, theatre, circus, architecture, design, environmental art and, ultimately, all forms of creative expression.

Overall context

While very much a living form, especially in countries where digital culture is the showcase for an industrial dynamism linked to new technology, digital art is all but excluded from a traditional art market as yet uninterested in products that are non-collectible and cannot be identified by investors. With close ties to the emergence and obsolescence of technologies, their rechannelling and their involvement in the social and environmental contexts, digital art is by nature highly evolutional, and hence elusive and impossible to describe.

1
1955 : « *Tour Spatiodynamique Cybernétique* », Paris, sculpture de 50 m de haut, avec la collaboration de Pierre Henry, première œuvre interactive au monde dotée d'un système de captation et générant un environnement sonore en temps réel en fonction des paramètres captés.
1956 : « *CYSP* » : première sculpture robotisée dotée de capteurs, réagissant en temps réel en fonction des mouvements des danseurs, du son et de la lumière, premier spectacle avec le ballet de Maurice Béjart ainsi que dans les rues de Paris.
1955, Paris: *Spatiodynamic Cybernetic Tower*. Created in collaboration with Pierre Henry, this 50-metre high sculpture was the world's first interactive work of art, equipped with a capture system and generating a real-time sound environment determined by the chosen parameters.
1956: *CYSP*, the first robotised sculpture equipped with sensors and reacting in real time to sound, light and the movements of dancers. Produced with Maurice Béjart's ballet company in Marseille and in the streets of Paris.

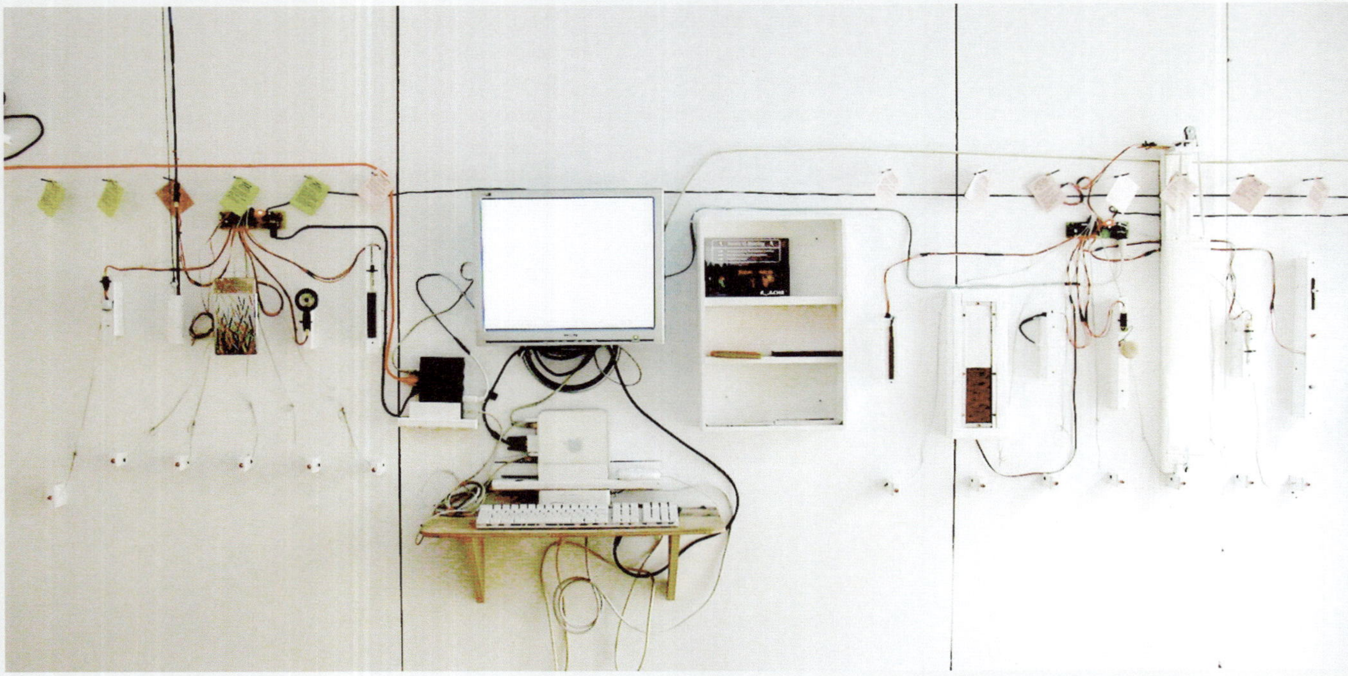

Mur « Capteurs » de la salle d'auto-apprentissage captation / actuation du CRAS à *Mains d'Œuvres*

Economie

Dans les arts vivants, les œuvres numériques prennent parfois la place créative et économique que le cinéma a pu avoir au XXème siècle. Un espace d'invention, de partage, d'expérimentation, de découverte à la fois pour ses créateurs et pour les publics. Mais alors que le cinéma s'est formaté dans ses modes de réalisation, ses formes de diffusion et ses contenus, les œuvres numériques sont par nature exemptes de format et de méthode idéale. Elles se créent à la manière de recherches scientifiques, au pas à pas, en adaptant à chaque instant les ressources intellectuelles et matérielles nécessaires à la finalité du projet. Mais le plus intéressant dans la culture numérique est son adaptabilité au milieu et au temps, au contexte, dans des formes embrassant au plus près de la vie et de la société, loin de l'intellectualisme ou de l'art conceptuel qui a parfois fait fuir le grand public.

Economy

In the performing arts context digital works can play the same creative and economic part the cinema sometimes did in the 20th century: as a locus of invention, sharing, experimentation and discovery for both its creators and its audience. But whereas the cinema was formatted in terms of production, content and diffusion, digital works are by their very nature not subject to formatting and ideal methods. They are created step by step, in the manner of scientific research, revamping as they go the intellectual and material resources essential to the project's purpose. The most interesting thing about digital culture, however, is its adaptability to setting, time and context; and this in forms intimately related to everyday life and society, at a far remove from the conceptual art that sometimes alienated the general public.

Nouvelles formes de création numérique

En effet, depuis moins d'une décennie, des formes nouvelles de création numérique ressuscitent les recherches les plus avancées de l'***art sociologique****** en utilisant des technologies de ***locativité***, de ***pervasivité****, le tout, bien entendu, associé à des technologies de réseau.

Dans le domaine de l'***interactivité****, en dehors des formes hybrides, les techniques de communication à distance font émerger une scène artistique travaillant sur l'espace public, l'espace naturel ou les espaces virtuels. Enfin, pour compléter ce panorama, il émerge également depuis une dizaine d'années une scène artistique utilisant directement les recherches scientifiques, notamment dans le domaine de la biologie, de la physique, de la robotique, de l'intelligence artificielle et de l'informatique. Il est utile de rappeler que la plupart de ces dispositifs et réseaux de création sont internationaux, s'appuient abondamment sur Internet et sur des ressources non francophones.

Le financement

Du point de vue financier, les productions d'œuvres numériques s'apparentent plus aux créations cinématographiques ou à la recherche qu'aux schémas classiques artiste/atelier/galeriste-scène que le grand public suppose. On sait rarement à l'avance comment un concept d'interaction sera traduit par la technologie, ou comment il évoluera dans les conditions réelles de diffusion ou d'exposition. Un des coûts principaux n'est pas la technologie mais les compétences humaines qui y sont associées. Les œuvres numériques nécessitent des compétences spécialisées, de nouveaux métiers comme ***patcheur**** ou ***scénariste de l'interactivité**** dans lesquels la créativité est présente à tous les niveaux, dans un contexte d'échange de ressources internationales. Plus difficile encore dans le contexte hexagonal, les compétences humaines sont nomades et peu identifiables du point de vue administratif : elles suivent l'évolution des techniques artistiques, matérielles ou logicielles les plus expérimentales, souvent issues de milieux alternatifs ou des communautés du Libre. Les dispositifs numériques nécessitent également des temporalités différentes, tant du point de vue de l'expérimentation, du montage ou de l'exposition-diffusion.

New forms of digital creation

For less than a decade new forms of digital creation have been resuscitating the most advanced research in the field of ***sociological art****, making use of technologies of ***locativity*** and ***pervasiveness**** in association naturally, with those of networking. In the domain of ***interactivity****, hybrid forms apart, long-distance communication techniques have triggered the emergence of an art scene revolving around public, natural and virtual spaces. And to fill out the panorama, the last ten years have also seen the appearance of an art drawing directly on scientific research, notably in the fields of biology, physics robotics, artificial intelligence and computer science. It's worth recalling here that most of the creative systems and networks concerned are international, relying extensively on the Internet and non-francophone resources.

Finance

From the point of view of financing, and contrary to received opinion, production of digital works is more reminiscent of the cinema or research than of the classical artist/studio/gallerist nexus. One rarely knows in advance how a given concept of interaction will be rendered by the technology, or how it will behave in the real world of distribution and exhibition. One of the main cost factors is not the technology, but the human skills associated with it. Digital works call for specialised skills and new crafts such as those of ***patcher**** and multimedia ***scriptwriter****, with creativity present at all levels in a context of international exchange of resources. A major difficulty in the French setting is the fact that the human skills involved are nomadic and hard to pin down in bureaucratic terms: they follow the evolution of highly experimental media — in material or software form — that often emerge from alternative circles or Free communities. Digital systems also require different time frames from the point of view of experimentation, editing and exhibition/distribution.

Le retard français

Nous sommes en France au goût du jour en matière d'expérimentation et d'invention au sein de quelques poches de création rendues alternatives par le manque d'intérêt des pouvoirs publics, mais nous sommes grandement à la traîne en matière de formation, de production, de diffusion et bien sûr de financement. La culture numérique hexagonale repose difficilement sur des réseaux de connaissance et d'apprentissage encore alternatifs (les écoles d'art et universités sont en grand retard sur ce point, les écoles de design sont un peu plus en avance), des réseaux de ressources humaines isolés, des réseaux de lieux et d'événements à compter sur les doigts de la main, des aides et des systèmes de financement inexistants ou inadaptés.

La raison du retard français est simple: un contexte culturel qui privilégie depuis des années le patrimonial au détriment de la culture actuelle, des décideurs politiques et culturels perdus devant la novation et la diversité d'une « *Galaxie Arts Numériques* » qu'ils ne maîtrisent pas, voire ne comprennent pas. Aucune politique culturelle nationale ne semble encore avoir pris en compte la nature du domaine ni les enjeux économiques et sociétaux qu'impliquent les relations 'art et technologie', 'art et sciences', 'art et éducation'. De même, aucune politique économique, éducative ou industrielle ne semble avoir compris l'importance de la culture numérique pour la réussite d'une économie basée sur la technologie et l'innovation.

En ce qui concerne le grand public, la situation est très hétérogène. Pour quelques zones et régions très actives dans le domaine, il existe une majorité de publics totalement ignorants non seulement de la culture actuelle, de ses esthétiques et de ses techniques, mais aussi des grands enjeux de la technologie dans le quotidien.

Dans le monde

Cette situation catastrophique, selon le point de vue des acteurs du numérique eux-mêmes, tranche d'autant plus avec la situation des autres pays européens qui investissent sans compter dans les tissus culturels et industriels du numérique (Finlande, Suède, Allemagne, Pays-Bas, Autriche, etc., mais aussi de certains pays plus petits et pas moins efficaces dans le domaine: Catalogne, Slovénie, Hongrie, Estonie...). On y voit en université ou en école d'art des cursus qui associent enseignements technologiques et artistiques, on y construit des espaces spécialisés aussi bien pour la production (boîtes noires) que la diffusion, on y facilite la perméabilité entre les événements institutionnels et le numérique, on y soutient avec force les événements de la scène alternative, on y organise des réseaux de communication et de financement adaptés, souvent soutenus par l'industrie du numérique et de la communication. Enfin, on y organise des réseaux de connaissance et d'échange pour tisser des relations fructueuses entre les nombreux partenaires technologiques, artistiques et financiers.

France behind schedule

We in France are very much up to date as regards experimentation and inventiveness in a few creative niches left open by lack of interest on the part of the authorities, but we're lagging behind seriously in respect of education, production, distribution and, of course, finance. French digital culture is precariously founded on skills and learning networks (art schools and universities are a long way behind, design schools a little less so), isolated human resources networks, geographic and event networks that can be counted on the fingers of one hand, and subsidies and systems of financing that are either inappropriate or nonexistent.

The explanation for the French situation is simple: a cultural context which for years has stressed heritage at the expense of the present day; and political and cultural decision makers totally perplexed by the inventiveness and diversity of a "*Digital Arts Galaxy*" they can't cope with and maybe don't even understand. As yet no national cultural policy seems to have recognised the nature of the situation or the economic and social stakes implicit in the relationships between 'art and technology', 'art and science', and 'art and education'. In the same way no economic, educational or industrial policy has betrayed any grasp of digital culture's role in the success of an economy based on technology and innovation.

As far as the general public is concerned, the situation is a jumble. While a few sectors are very active, most sections of the population are totally ignorant not only of present-day digital culture and its aesthetics and media, but also of the enormous stakes represented by technology in everyday life.

The world scene

This situation, recognised as disastrous by the players on the digital scene themselves, is in stark contrast with that prevailing in other European countries, which are investing massively in the necessary cultural and industrial structures: Finland, Sweden, Germany, Holland, Austria — and smaller, less efficient countries such as Catalonia, Slovenia, Hungary and Estonia. Their universities and art schools offer study programmes combining technology and art; specialist production and distribution facilities are created; institutions are encouraged to open up to the digital; events on the alternative scene are given substantial backing; and appropriate communication and finance networks are set up, often with support from the digital and communications industries. There are, too, organised skills and exchange networks to ensure fruitful relationships between all the technological, artistic and financial partners.

Enfants jouant avec les capteurs sur un traitement vidéo temps réel à *Mains d'Œuvres*

What do artists want?

What do digital artists want in the France of today? First and foremost, a cultural policy that takes account of the cultural and social upheaval triggered by the advent of the digital. They want tools to help with establishing a nationwide connection with the rest of the world in a cultural context that knows no borders. They want structural measures bearing on education, research, financing and distribution: measures that will allow for basic relationships between the different partners by giving as much weight to flexible, evolutional initiatives as to the institutional machines that keep the public in touch.

The transversality now practised by artists around the world — between the different arts, between art and science, and between art and society — requires production and distribution mechanisms backed by the authorities and society as a whole. A civilisation or culture which fails to use the tools of its time to construct and pass on its ethic is simply clinging to obsolete values that lead to sterile self-absorption.

Que demandent les artistes ?

Que demandent les artistes du numérique aujourd'hui en France ? En tout premier lieu, une politique culturelle qui prenne en compte l'incroyable bouleversement culturel et social que fait naître la culture numérique. Ils demandent des outils pour aider à la construction d'un tissu hexagonal connecté au monde, dans un contexte culturel qui ignore les frontières. Ils demandent des mesures structurelles sur l'éducation, la recherche, la diffusion, le financement qui permettent les relations de base entre les différents partenaires, en donnant autant de poids à des initiatives alternatives souples et évolutives qu'aux machines institutionnelles assurant le suivi du grand public.

La transversalité entre les arts, entre arts et sciences, entre arts et société que pratiquent les artistes actuels dans le monde impose des mécanismes de production et de diffusion soutenus par les pouvoirs publics et par l'ensemble de la société. Une civilisation ou une culture qui ne construit pas et ne transmet pas ses repères par les outils de son temps se met à ressasser des valeurs obsolètes qui mènent à l'autisme.

Exposition collective *HEHE*, Elens Evans, Heiko Hansen à *Mains d'Œuvres*

Salle d'auto-apprentissage « captation / actuation » du CRAS vue de haut à *Mains d'Œuvres*

[*]
Art algorithmique : formes d'expression graphiques ou sonores utilisant des algorithmes mathématiques comme support de génération de son ou d'image.
Algorithmic art: art form using mathematical algorithms to generate sounds or images.

Art électronique : dénomination utilisée depuis une trentaine d'années pour les œuvres utilisant des systèmes électroniques.
Electronic art: term used for the last thirty years for works of art using electronic systems.

Art cybernétique : dénomination des années 50, 60,70 et 80 pour l'art interactif.
Cybernetic art: term used from the 1950s through the 1980s for interactive art.

Art sociologique : forme d'art inventée par Fred Forest dans les années 60, utilisant des paramètres sociologiques comme support et contenu créatif
Sociological art: art form invented by Fred Forest in the 1960s, using sociological parameters as its medium and creative content.

Générativité : faculté pour un dispositif artistique de générer formes, couleurs, sons, ou tout type d'expressivité en fonction de paramètres programmés.
Generativity: the capacity of an artistic device to generate shapes, colours, sounds or other expressive forms in line with programmed parameters.

Intelligence artificielle : discipline scientifique cherchant à donner aux dispositifs informatiques des capacités d'analyse et de réflexion évolutives.
Artificial intelligence: a scientific discipline seeking to provide computer systems with evolutional capacities for thought and analysis.

Interactivité : faculté pour un dispositif cinétique réel ou virtuel doté d'un système de perception à répondre en fonction d' une sollicitation.
Interactivity: the capacity of a real or virtual kinetic device equipped with a perceptual system to respond to a stimulus.

Locativité : faculté de repérer et cartographier en temps réel l'emplacement précis des biens, données et personnes
Locativity: the capacity to spot and map in real time the exact location of objects, data or people.

Net art : forme d'art utilisant les réseaux, notamment Internet.
Net art: form of art making use of networks, notably the Internet.

Patcheur : concepteur de programmes interactifs pour la création artistique, utilisant des logiciels de traitement d'informations en temps réel dédiés à la création interactive.
Patcher: designer of interactive programmes using real-time software for artistic purposes.

Pervasivité : équipement informatique miniaturisé de tout objet avec des systèmes électroniques, destiné généralement à lui donner des capacités d'acquisition, d'analyse, de transfert ou de diffusion.
Pervasiveness: character of any miniaturised device equipped with capacities for data acquisition, analysis, transfer or distribution.

Scénariste de l'interactivité ou « designer de l'interactivité » : créateur spécialiste des systèmes et des esthétiques de l'interactivité. Travaille en général avec le concepteur principal.
Multimedia scriptwriter: specialist creator of interactive systems and aesthetic formats. Usually works with the head designer.

Temps réel : Graal de l'art interactif. Les artistes essayent de faire des dispositifs qui analysent et réagissent instantanément aux signaux captés, mais une réponse instantanée n'existe pas, il y a toujours des milli-secondes de décalage entre action et réaction, un temps dû aux systèmes d'analyse et de transfert d'information qu'on appelle temps de latence.
Real time: the Holy Grail for interactive artists striving for instant analysis of captured signals. This instantaneous response cannot be achieved, however: between action and reaction there is always a "latency time" of a few milliseconds due to the systems of information transfer and analysis.

Virtualité : en art, tout ce qui est visible mais n'est pas tangible, « un monde virtuel », s'applique également à la création 3D.
Virtuality: in art, all that is visible but not tangible. "Virtual world" is also applied to 3D creations.

VJing ou VJaying : accompagnement vidéo en temps réel de la musique dans des événements musicaux festifs.
VJing or VJaying: real-time video accompaniment generated by and for music.

les festivals du corps & de la culture numérique

festivals of the body & digital culture

Laurent Catala

En France comme à l'étranger, le principe croissant de transdisciplinarité transfigure la forme des festivals liés aux arts numériques en se nourrissant d'une évolution technologique qui élargit les champs du possible. Mais au-delà des modulations techniques, la volonté de dépasser les genres impliqués touche aussi à des valeurs humaines et sociales. L'idée n'est pas seulement de renouveler l'approche scénique et le rapport acteur / spectateur, il s'agitégalement d'interroger le rapport physique entre le corps humain et les nouvelles technologies et, davantage encore, de souligner dans de nouveaux contrastes artistiques les reflets d'une société urbaine moderne en mutation constante.

In France and elsewhere, the growing principle of transdisciplinarity is transfiguring the form of digital arts-related festivals by feeding on a technological evolution that expands the scope of possibility. But beyond technical modulations, the will to transcend the genres involved also touches on human and social values. The idea is not only to renew the staging approach and the actor/spectator relationship but also to explore the physical bond between the human body and new technologies; and, even more so, to emphasise the reflections of a constantly-shifting modern urban society in new artistic contrasts.

Philippe Franck

Un grand nombre de festivals et de manifestations internationales se veulent désormais les témoins d'une création artistique numérique qui ne cesse de croître et de repousser ses propres limites expressives.

Cela est particulièrement le cas dans les pays francophones où la proposition de programmations faite à un public réunissant néophytes et initiés tourne autour de plusieurs évènements référents. Aux cotés de ***Bains numériques*** au *centre des arts* d'Enghien-les-Bains qui croisera cette année encore pour sa troisième édition « *spectacle vivant et nouvelles technologies* », d'autres rendez-vous s'avèrent incontournables. On retrouve parmi eux, ***Exit*** à la Maison des Arts de Créteil, ***VIA*** aux Manèges de Maubeuge et de Mons, ***Seconde Nature*** à Aix-en-Provence, l'***Ososphère*** à La Laiterie de Strasbourg, ***Emergences*** et ***Mal au Pixel*** à Paris, le ***Name*** dans le Nord-Pas-de-Calais, sans oublier le festival nomade ***Les Transnumériques*** dans divers lieux belges et français partenaires ou ***ELEKTRA*** à l'Usine C de Montréal.

Many festivals and international events are now keen to convey digital artistic creative output that is constantly increasing and rolling back its own expressive limits.

This is particularly the case in French-speaking countries, where the programming offered to a public of both newcomers and regulars revolves around several reference events. Besides ***Bains numériques*** at Enghien-les-Bains *centre des arts*, which for its third edition this year will again mix "*performing arts and new technologies*", other events have become key fixtures in the calendar. These include: ***Exit*** at the Maison des Arts in Créteil, ***VIA*** at Les Manèges between Maubeuge and Mons, ***Seconde Nature*** in Aix-en-Provence, l'***Ososphère*** at La Laiterie in Strasbourg, ***Emergences*** and ***Mal au Pixel*** in Paris, and ***Name*** in the Nord-Pas-de-Calais region, not forgetting the roaming festival ***Les Transnumériques*** at various Belgian and French partner venues or ***ELEKTRA*** at l'Usine C in Montreal.

Granular Synthesis (AUT), Festival Elektra

Robot Lab (ALL) *Juke Bots*, Festival Elektra

Rivière Noire de Thomas Israel, Les Transnumériques 2006

Ces festivals, du fait de la notion de réseau qui commence à se mettre en place à l'initiative du centre des arts d'Enghien (à travers le Réseau Arts Numériques – RAN) et plus largement de la vocation universaliste des arts numériques, font la part belle à des programmations d'artistes internationaux trouvant aisément leur place dans un agenda particulièrement fourni à l'échelle européenne. ***Ars Electronica*** à Linz en Autriche, ***Transmediale*** à Berlin en Allemagne ou ***DEAF*** (the Dutch Electronic Art Festival piloté par V2) et le ***Today's Art*** aux Pays-Bas y font figure de pièces de choix.

Le nouveau rapport scénique et artistique procédant de l'irruption du monde numérique dans le domaine des arts vivants a bien sûr une incidence évènementielle qui n'échappe pas à tous ces festivals. La notion d'interactivité notamment, à travers la conception de parcours déambulatoires et d'installations où l'intervention du public contribue au façonnage de l'œuvre, a révolutionné l'approche festivalière et le traditionnel rapport artiste/spectateur. Le croisement des genres, liant la danse, les musiques électroniques, les arts plastiques et vidéos dans une formulation transdisciplinaire unique a considérablement élargi les possibilités de la création artistique et de leur expression scénique.

These festivals, informed by the networking now becoming established through the initiative of Enghien-les-Bains *centre des arts* (via RAN, Digital Arts Network) and more broadly by the universalist vocation of the digital arts, give ample billing to international artists who easily find berths in a packed European calendar. ***Ars Electronica*** in Linz, Austria; ***Transmediale*** in Berlin, Germany; ***DEAF*** (Dutch Electronic Art Festival, steered by V2); and ***Today's Art*** in the Netherlands are the gatherings of choice.

The new stage and artistic relationships stemming from digital's explosion on the performing-arts scene has naturally had an impact that has not escaped all these festivals. The idea of interactivity in particular, through the devising of walk-throughs and installations where audience intervention helps craft the artwork, has revolutionised festivals' approach and the traditional artist/spectator relationship. Mixing genres such as dance, electronic music, visual arts and video in a unique transdisciplinary formulation has considerably expanded possibilities for creating and staging art.

Festivals such as ***Ososphère***, ***Name*** and ***Seconde Nature***, and even ***Emergence*** and ***Exit***, which include electronic-music nights, are taking this meeting of multimedia expressions even further by combining intelligent installations with fine-tuned music-visual performances with dancing, on a model similar to the great jamborees of ***Today's Art*** and ***Transmediale*** (and Club Transmediale).

Interestingly, though, the forms of this technological logic — even if user-friendly — are not an end in itself. They reflect a wider investigation into the relationship between human beings and the propositions allowed by the new technologies in question. This relationship is as much physical as societal; and these festivals are each bound to explore it to a degree, according to their specificities.

The physical, sensitive digital body

This applies to ***Bains numériques***: its programme outlines the curves of a veritable "*sensitive digital body*" that is in some way inhabited by new technologies, by showing its physical dimension through the imperceptibility of performers' gestures and by tracking in choreography the development of the writing process or by stigmatising the audience's tangible presence.

A festival like ***Elektra***, always at the vanguard of artistic applications of new multimedia technologies, focused its 2007 edition on immersive and frontal expressions that sought to test the artist's physical potentiality to breaking-point, with pieces like *Schwelle II*, in which the extreme bodily experiments of dancer Michaël Schumacher were linked to sound sensors developed by composer Chris Salter.

Des festivals comme ***Ososphère***, ***Name*** ou ***Seconde Nature***, voire mêmes ***Emergence*** et ***Exit*** qui intègrent à leur l'affiche des soirées musicales électroniques, poussent encore plus loin cette rencontre tous azimuts des expressions multimédias en réunissant installations intelligentes et performances musico/visuelles affinées et dansantes, sur le modèle approchant des grands raouts festifs du ***Today's Art*** et de ***Transmediale*** (et le Club Transmediale).

Mais il est intéressant de constater que les formes, mêmes conviviales, de cette logique technologique ne sont pas une fin en soi. C'est bien un questionnement plus large du rapport entre l'homme et les propositions permises par les nouvelles technologies dont il est question. Un rapport autant physique que sociétal sur lequel chacun de ces festivals est plus ou moins amené à s'interroger en fonction de ses spécificités.

Le corps numérique physique et sensible

Il en est ainsi ce ***Bains numériques*** dont le fil rouge est de dessiner à travers son programme les courbes d'un véritable « *corps numérique sensible* », en quelque sorte habité par les nouvelles technologies, en montrant sa dimension physique à travers l'imperceptibilité des gestes de l'interprête, en permettant de suivre dans la chorégraphie le développement du processus d'écriture ou en stigmatisant la présence palpable du public.

Un festival comme ***Elektra***, toujours à la pointe des applications artistiques des nouvelles technologies du multimédia, a lui axé son édition 2007 sur des expressions immersives et frontales cherchant à repousser dans ses derniers retranchements les potentialités physiques de l'artiste avec des pièces comme *Schwelle II*, une création où les expériences corporelles extrêmes du danseur Michaël Schumacher sont soumises aux capteurs soniques développés par le compositeur Chris Salter.

Une création reprise cette année par ***Exit*** pour qui la notion de repoussement physique a toujours été une sensibilité visible si l'on se souvient encore des performances antérieures de collectifs aujourd'hui célèbres tels les Japonais *Dumb Type* (le corps urbain à l'épreuve des pulsations sonores et médiatiques) ou de *Granular synthesis*, interrogeant autant la capacité de dépassement des artistes que celle de résistance de l'auditoire.

Le festival ***Emergences*** participait aussi l'an passé à cette réflexion sur la modification numérique des corps et sa perception à travers la performance vidéo multi écran subliminale du duo canadien skoltz_kolgen.

Enfin, en jouant sur des principes d'itinérance de leur manifestation entre différentes villes — ***VIA*** (entre Maubeuge et Mons), ***Name*** (Nord-Pas-de-Calais), ***Les Transnumériques*** (Bruxelles-Mons-Liège-Maubeuge-Lille-Paris), permettant aussi de montrer différentes facettes de mêmes artistes — ou sur des principes de soirées partagées proposant des programmations simultanées de performances en réseau et de créations numériques retransmises en live faisant la jonction entre deux évènements — ***Emergences*** et ***Ososphère*** —, certains de ces festivals rajoutent encore une dimension supplémentaire à travers l'idée de 'déplacement' ou de 'non-déplacement' des corps.

Les intégrations sociétales d'une culture numérique

Au-delà de la dimension physique du corps, il est également important pour nombre de ces manifestations de s'inscrire comme une véritable interface entre l'art, la technologie et la société dans toutes ses mutations, de façon à élargir encore les perspectives de réflexion permises par la création numérique.

The piece was restaged this year at ***Exit***, an event where the pushing-back of physical limits has always had a visible sensibility, if we still remember earlier performances by now-famous collectives such as the Japanese of *Dumb Type* (the urban body subject to sound and media pulsations) and *Granular synthesis*, which explores artists' ability for self-surpassment and audiences' ability to resist.

The ***Emergences*** festival last year also contributed to thinking on digital alteration of bodies and its perception, with the subliminal multi-screen video performance by Canadian duo skoltz_kolgen.

Lastly, some of these festivals – playing on principles of itinerancy between towns, as with ***VIA*** (between Maubeuge and Mons), ***Name*** (Nord-Pas-de-Calais region), ***Les Transnumériques*** (Bruxelles-Mons-Liège-Maubeuge-Lille-Paris), that also allow them to show different facets of the same artists; or on the principle of shared nights offering simultaneous programmes of networked performances and of digital creations broadcast live to link two events (***Emergences*** and ***Ososphère***) – are adding an extra dimension through the idea of body 'displacement' or 'non-displacement'.

Society's incorporations of digital culture

Beyond the body's physical dimension, some of these events also think it important to operate as an interface between art, technology and society in all of its profound changes, in order to further expand the perspectives of thinking enabled by digital creativity.

Cette réflexion peut se faire dans le sens des artistes et des enjeux attenant à leur utilisation du numérique. C'est une des idées de Transcultures, centre interdisciplinaire dédié aux cultures électroniques et sonores à Mons, qui a lancé en 2005 le festival plate-forme ***Les Transnumériques***, que de réfléchir en quoi ces nouvelles pratiques artistiques mais aussi culturelles (on parle ici de « *cultures électroniques* » dans leurs grandes diversités et leurs émergences décloisonnées) sont porteuses ou non de changement et sur la nécessité d'inventer d'autres modes de production, de diffusion et de perception de l'œuvre.

La réflexion peut aussi toucher plus largement aux intégrations sociétales d'une culture numérique en plein développement. C'est un des principes moteurs du festival ***Ars Electronica***, dont les prix internationaux font référence, notamment dans la catégorie « *interactive art* » où la pertinence sociale de l'œuvre et sa capacité à élargir le champ de l'action humaine est jugée. Idem pour la biennale ***DEAF*** à Rotterdam où de nombreux débats et symposiums s'organisent autour de thématiques, parfois incisives comme le sous-tendait en 2007 le provocateur intitulé *Interacte Or Die* !

En lançant en 2007 sa thématique de *Smart City*, ***Emergences*** ajoute encore une dimension supplémentaire. En scrutant les nouvelles formes de création de l'espace urbain, elle initie un véritable chantier artistique de réflexion, de création et d'intervention autour de la ville intelligente, tant dans les possibilités offertes par les innovations technologiques que dans son développement citoyen, équilibré et durable.

Et après une édition 2007 portant sur *Démocratie, Faîtes-La-Vous-Même*, c'est le thème de l'espace public qui a retenu l'intérêt de l'équipe du festival parisien ***Mal au Pixel*** pour 2008.

On le voit , à travers la multiplicité des approches festivalières, la question de la diffusion de ses formes interdisciplinaires sous couvert technologique est au cœur même de l'interrogation sur l'évolution des expressions artistiques et des pratiques humaines. Un questionnement sur lequel artistes et manifestations numériques n'ont pas fini de s'épancher.

This thinking can focus on artists and on the issues arising from their use of digital. That is one of the ideas behind Transcultures, in Mons, Belgium, a centre for crossdisciplinary explorations in the domains of creative electronics and sound, which in 2005 launched festival platform ***Les Transnumériques***: i.e. to think about how these new artistic practices, and new cultural practices (the topic here is "*electronic cultures*" in their great diversity, emerging without separating walls), are, or are not, vehicles of change; and about the need to invent other modes of art production, dissemination and perception.

This thinking can also broaden in scope to consider how society is incorporating a fast-developing digital culture. That is one of the drivers behind the ***Ars Electronica*** festival, whose international awards have benchmark status, especially in the "*interactive art*" category, which judges the works' social relevance and their ability to extend the field of human action. Likewise the ***DEAF*** biennial in Rotterdam, where numerous debates and symposiums are organised around sometimes-incisive themes, as with 2007's provocative title *Interact or Die*!

Taking Smart City as its 2007 theme, ***Emergences*** added a further dimension. By scrutinising new creative forms in urban space, it kicked off an artistic project for thought, creation and intervention around the intelligent city, both in the possibilities offered by technological innovations and in its balanced, sustainable civic development.

And Paris festival ***Mal au Pixel***, after a 2007 edition dedicated to *Démocratie, Faîtes-La-Vous-Même* (do-it-yourself democracy), has chosen public space as its 2008 theme.

Through this array of festival approaches, we can see that the issue of disseminating interdisciplinary forms under technological cover is central to exploration of the evolution of artistic expressions and human practices. This probing will continue to stimulate the output of artists and digital events for quite some time.

Foton (BE) *Clicks and Cars*, Festival Elektra

PARMI LES FESTIVALS PARMI LES PLUS REMARQUABLES EN FRANCE ET À L'ÉTRANGER :

THE MOST NOTEWORTHY FESTIVALS IN FRANCE AND ELSEWHERE INCLUDE:

France

BAINS NUMÉRIQUES
www.bainsnumeriques.fr

EXIT
www.maccreteil.com/saison2006-2007/news.html

SECONDE NATURE
www.secondenature.org

OSOSPHÈRE
www.ososphere.org/2007

ÉMERGENCES
www.festival-emergences.info/2007/index.html

MAL AU PIXEL
www.pixelache.ac/2007/malaupixel07

Etranger

ELEKTRA
www.elektrafestival.ca

ARS ELECTRONICA
www.aec.at/en/index.asp
Linz, 4 au 9 septembre 2008

LES TRANSNUMÉRIQUES
www.transnumeriques.be

DEAF
www.deaf07.nl

TRANSMEDIALE
www.transmediale.de/site

TODAY's ARTS
www.todaysart.nl/2007

VIA
www.lemanege.com/via2008

perspectives de réseaux

networks & networking

arts, sciences, industries : développer un modèle de relation

arts, sciences, industries: developing a relationship model

Philippe Baudelot

Depuis quelques années les projets associant scientifiques, artistes et industriels se sont développés. Presque aucun n'a débouché sur une stratégie à long terme, même si chacun reconnaît que cette perspective est indispensable. Deux projets, le RAN (Réseau Arts Numériques), initié par le *centre des arts* d'Enghien-les-Bains et le Pôle ICI (Pôle Industries de la Création et Innovation), créé dans les Alpes-Maritimes, se sont assignés ce but.

Recent years have seen the development of projects between scientists, artists and industrial companies. These very rarely yield a long-term strategy, even though such an outlook is generally acknowledged to be essential. Two projects have set themselves this goal: RAN (Digital Arts Network), initiated by the *centre des arts* in Enghien-les-Bains, and Pôle ICI (Creative and Innovative Industries Cluster), founded in the Alpes-Maritimes département.

Philippe Franck

En moins de vingt ans, notre environnement technique et culturel a été complètement bouleversé. Nous utilisons des matériaux et systèmes très complexes dont les usages se banalisent de plus en plus, des usages dont les développements n'avaient pas été évalués. Ces équipements ont induit de nouveaux regards, de nouvelles écoutes, une nouvelle économie des pratiques sociales et artistiques. Les disciplines, les techniques de création se fondent les unes dans les autres. Les modes opératoires des artistes changent. Le champ des arts numériques apparaît comme un 'lieu commun' et/ou de rencontre et de jonction de nombreux espaces et disciplines et d'un mouvement qui vise à développer de nouvelles modalités du processus de conception, de production et de représentation de l'œuvre. Les artistes exploitent ainsi le potentiel d'outils qui ne leur étaient pas originellement destinés. Ils s'intéressent de très près aux recherches conduites dans le monde des industries de communication et de loisirs. Les ingénieurs sont curieux de savoir comment le monde des arts s'approprie les matériaux et logiciels qu'ils développent, comment celui-ci innove et précède les usages de demain…

In less than 20 years, our technical and cultural environment has undergone total upheaval. We use highly complex materials and systems whose applications are becoming increasingly widespread — applications whose developments had not been assessed. These facilities have prompted new ways of looking and listening; a new economy of social and artistic practices. Creative disciplines and techniques are merging. Artists' modi operandi are changing. The field of digital arts appears to be a joint place and/or a 'meeting-place' and nexus for numerous spaces and disciplines, and for a movement geared to developing new modalities for the process of devising, producing and performing work. Artists are thus exploiting the potential of tools not originally intended for them. They are taking a very close interest in the research conducted in the communication and leisure industries. Engineers are curious to find out how the arts world takes possession of the hardware and software they develop, and how it is innovating and preceding tomorrow's applications.

Chronically scattered research

It has to be said, however, that artists rarely have sufficient means to create their own tools or venues where they can use existing tools. Further, technological innovation is a costly process. The economic climate demands short-term profitability. This state of affairs partly generates the real difficulties artists and researchers encounter in developing creative tools suited to their specific needs. Industrial companies struggle to identify new research avenues and to 'discover' the new tools that will meet the daily needs of creators today and of society tomorrow. These obstacles are especially hard to surmount because the worlds of digital arts and of R&D (Research and Development) only truly gel when working on concrete projects.

We must therefore test new creative and research models. To do this, we need to seek non-exclusive support from the relevant industrial and scientific communities and to gather experts in the economics of the creative and innovation process, with the aim of exchanging experience but also development, research and projects.

Two core ideas

With this in mind, we must harness two ideas that are under-exploited in the field of artist / R&D relationships. The first is "*creative drive*" that leads to collaboration between industrial companies and artists in order to promote their mutual stimulation, a concept that has already borne fruit in many research sectors.
The second is "*collective intelligence*" that aims to encourage the development of ideas and tools by increasing skills and promoting their organisation into fluid networks. This dual agenda has already been widely developed in each community but little or not at all in their relationships.

Une dispersion chronique de la recherche

Mais force est de constater que les artistes disposent rarement des moyens suffisants pour créer leurs propres outils ni de lieux où utiliser les outils existants. Par ailleurs, le processus d'innovation technologique est cher. La conjoncture économique implique de calculer sa rentabilisation à court terme. De cet état de fait, naissent, pour partie, les réelles difficultés rencontrées par les artistes et les chercheurs pour développer des outils de création adaptés à leurs besoins spécifiques. Les industriels peinent à dégager de nouvelles voies de recherche et à 'découvrir' les nouveaux outils qui répondent aux besoins quotidiens des créateurs aujourd'hui, de la société entière demain. Ces obstacles sont d'autant plus difficiles à franchir que le monde des arts numériques et celui de la R&D (Recherche et Développement) ne peuvent guère s'entendre que sur des projets concrets.

Il nous faut donc tester de nouveaux modèles de création et de recherche. Pour cela, nous devons nous appuyer sur les communautés industrielles et scientifiques concernées, sans exclusive et réunir des experts dans l'économie du processus de création et d'innovation, dans un but d'échange d'expériences, mais aussi de développement, de recherche et de projets.

Deux idées fortes

Dans cet esprit, nous devons nous appuyer sur deux idées, trop peu exploitées dans le domaine des relations entre artistes et R&D. La première est celle d'« *impulsion créative* » conduisant à un travail commun des industriels et des artistes afin de favoriser leur stimulation mutuelle, concept déjà fructueux dans de nombreux secteurs de recherche. La seconde est celle d'« *intelligence collective* » visant à favoriser le développement des idées et des outils en multipliant les compétences et en favorisant leur organisation en réseaux fluides. Ce double recours est déjà largement développé dans chacune des communautés mais peu ou pas dans leurs relations.

Transports exceptionnels de la compagnie Beau geste

Arabesque de Peter William Holden

Atelier RAN #3 « *Perception et sensorialité* » *Mains d'Œuvres*, Saint-Ouen, mars 2008

Il s'agit donc d'aider les industriels à créer ou améliorer des produits à dimension humaine et non plus seulement consumériste. C'est aussi de permettre aux artistes de trouver des aides techniques pour développer leurs projets. Artistes, industriels et scientifiques peuvent collaborer de façon ouverte pour le bien de tous, afin que les idées lancées soient partagées entre tous. Ceci pourrait permettre de répondre aux besoins des artistes mais aussi de réduire les coûts de production, tout en facilitant le travail de création. Cela pourrait aussi limiter les effets de notre civilisation marquetée par la stratégie du gadget.

Des initiatives

Des initiatives prometteuses et inattendues se sont développées ces dernières années entre des professions apparemment très éloignées. Des danseurs interviennent dans la recherche spatiale, des plasticiens sur la recherche de nouvelles applications en télécommunication. Ces associations donnent vie à de nouveaux territoires. Le monde de l'industrie et celui des arts y prennent conscience d'un ensemble de processus qui, sur le plan des idées comme sur le plan des techniques, induisent de profonds changements dans nos façons de faire. Outils et œuvres ne sont pas reliés par de simples rapports de cause à effet. Ils induisent aussi de nouvelles façons de voir et de concevoir qui exigent de nouvelles relations humaines.

Des collaborations entre les entreprises, les laboratoires de R&D et les artistes, rarement mises en avant, ont été fructueuses. Elles se sont développées tout à la fois dans des centres de recherche artistique (Ars Electronica Center, ZKM, Centre d'art et de technologie audiovisuelle, MIT, Institut de Technologie du Massachusets), dans des centres de diffusion des œuvres, et, enfin, dans des centres de R&D industrielle développant *in situ* des collaborations ou des co-développements avec des artistes à des fins d'innovations technologiques ou de services. Le Studio Créatif de France Télécom R&D est devenu modèle d'une stratégie globale avec Karine Saporta. L'Art and Media Engineering de l'ASU (Arizona State University) a créé une méthodologie de développement de projet associant la recherche technique et la création d'une œuvre avec Trisha Brown et Paul Kaiser. Le laboratoire de l'ESA (Agence Spatiale Européenne) a mis en œuvre des programmes de recherche spatiale et de création sur la base de projets d'artistes comme Kitsou Dubois. L'atelier Arts-Sciences initialisé par le CEA (Commissariat à l'Energie Atomique) de Grenoble fait travailler ensemble, artistes, chercheurs et étudiants. Une initiative du chorégraphe anglais Wayne Mc Gregor a débouché sur une collaboration avec des spécialistes des neurosciences en Grande-Bretagne et aux USA. Pour autant rien n'a été systématisé dans ce domaine.

The idea is therefore to assist Industrial companies in creating or improving products that have a human dimension and are no longer merely consumerist; and also to enable artists to find technical support to develop their projects. Artists, industrial companies and scientists can collaborate openly for the good of all, so that ideas, once launched, are shared by all. This could help to meet artists' needs but also to reduce production costs, while facilitating creative endeavour. It could also limit the effect of our civilisation, which is tainted by a gadget-led strategy.

Some initiatives

In recent years, promising and unexpected initiatives have been developed between professions that seem mutually distant. Dancers take part in space research; visual artists, in research on new telecoms applications. These associations are breathing life into new territories. Through them, the worlds of industry and the arts are becoming aware of a set of processes which, in respect of ideas and techniques, are profoundly changing how we do things. Tools and artworks are not just connected by cause-and-effect relationships. They also yield new ways of seeing and conceiving that call for new human relationships.

Collaborations between companies, R&D laboratories and artists, though rarely showcased, have been fruitful. They have developed in artistic-research centres (Ars Electronica Centre; ZKM, centre for art and audiovisual technology; MIT, Massachusetts Institute of Technology), in art-dissemination centres, and, lastly, in industrial R&D centres that devise *in situ* collaborations or co-developments with artists for technological-innovation or service purposes. The Creative Studio of France Télécom R&D has become a total strategy model with Karine Saporta. The Arts, Media, and Engineering programme at Arizona State University (ASU) has devised a project-development methodology combining technical research and the creation of an artwork with Trisha Brown and Paul Kaiser. The laboratory of the European Space Agency (ESA) has implemented space-research and creative programmes based on projects by artists such as Kitsou Dubois. The Arts-Sciences workshop initiated by the French Atomic Energy Commission (CEA) in Grenoble brings artists, researchers and students together. An initiative by British choreographer Wayne McGregor resulted in a collaboration with neuroscience specialists in the United Kingdom and the USA. And yet nothing in this field has been systematised.

Model projects

Two projects in France flow from the intention to systematise relationships between business, research and artistic creativity. The first has its roots in the cultural world: RAN (Digital Arts Network), initiated by the *centre des arts* in Enghien-les-Bains in collaboration with 15 European production, dissemination, training or research facilities. Associating cultural stakeholders, scientists, researchers and technicians, the network strives to define structural resources and to roll out concrete actions that give enduring support to 'arts-sciences-technologies' projects. It has launched a series of seminars and workshops geared to exploring emotional expression but also to experimenting with a new approach to facilitate harmonious and balanced relations between members whose objectives diverge on some issues.

Des projets modèles

Deux projets en France se sont fondés tout à la fois sur cette volonté de systématisation ces relations entre l'entreprise, la recherche et la création artistique. Le premier est né du monde culturel. Il s'agit du RAN, Réseau Arts Numériques. Ce réseau, initié par le *centre des arts* d'Enghien-les-Bains avec la collaboration d'une quinzaine de lieux de production, diffusion, formation ou recherche européens, est une plate-forme d'échange, de réflexion et de coproduction en développement. Associant des acteurs culturels, des scientifiques, des chercheurs et des techniciens, ce réseau s'emploie à définir des moyens structurels et à mettre en place des actions concrètes pour accompagner de manière pérenne les projets 'arts-sciences- technologies'. Il a d'ores et déjà lancé une série de séminaires et workshops visant à explorer l'expression des émotions mais aussi à expérimenter une nouvelle démarche facilitant des relations harmonieuses et équilibrées entre des membres qui n'ont pas les mêmes objectifs sur tous les points.

Le second est né du monde politique et économique, il s'agit du Pôle Industries de la Création et Innovation. Ce pôle a pour objectif d'appliquer les nouveaux usages du son, de la lumière et de l'image à la recomposition de l'espace urbain et de développer les industries du contenu pour singulariser les espaces artistiques, technologiques et de la vie quotidienne. Pour y parvenir, les universités, entreprises, structures publiques et artistes de la région Provence-Alpes-Côtes d'Azur (PACA) ont décidé de travailler ensemble. Le Conseil Général des Alpes-Maritimes a encouragé dès le début cette dynamique territoriale émergente des acteurs de la culture et de l'économie de l'immatériel. Le syndicat Sophia Alpes-Maritimes et la FING (Fondation Internet Nouvelle Génération) font également partie des soutiens. Les acteurs culturels des secteurs de la musique, du cinéma, du théâtre, de la danse contemporaine et des arts plastiques se sont enfin mobilisés pour créer un modèle exportable et/ou transposable à d'autres zones culturelles.

Souhaitons leur longue vie !

The second originated in the world of politics and economics. Pôle ICI (Creative and Innovative Industries Cluster) aims to apply new applications of sound, light and imagery to redesigning urban space and to developing content-producing industries that impart a distinctive character to artistic, technological and everyday-living spaces. To do so, the universities, companies, public bodies and artists of the Provence-Alpes-Côtes d'Azur (PACA) region decided to work together. From the outset, the Alpes-Maritimes département council encouraged this emerging territorial dynamic involving cultural and immaterial-economy stakeholders. The Sophia Alpes-Maritimes public-private development agency and FING (New Generation Internet Foundation) are also providing support. Cultural stakeholders from the sectors of music, film, theatre, contemporary dance and visual arts have finally mobilised to create a model that can be exported and/or transposed to other cultural fields.

Long life to them!

L'image du corps intime, Mutin (Florence Corin, Philippe Jelli, Céline Verdan)
The image of the intimate body, Mutin (Florence Corin, Philippe Jelli, Céline Verdan)

l'image du corps intime ou la genèse d'un réseau de réflexion et de création sur le corps intime à l'ère du numérique

The image of the intimate body or the genesis of a network for thinking and creating around the intimate body in the digital age

Mutin (Florence Corin, Philippe Jelli, Céline Verdan)

Body Intimacy #1 – Le Poil de Mutin, centre des arts, Enghien-les-Bains, janvier 2008

Lauréat du Prix international de la création — sélection internationale au festival *Bains numériques* en 2007 pour le projet chorégraphique et numérique *Body Intimacy #1 – Le Poil*, Mutin, collectif pluridisciplinaire réunissant la chorégraphe Florence Corin, le compositeur Philippe Jelli, tous deux également architectes et la danseuse Céline Verdan, a ouvert un ***Wiki**** sur Internet invitant des artistes et chercheurs à participer librement à un réseau de réflexion et de création sur le corps intime à l'ère numérique. Enjeux et commentaires sur cette anatomie multi médiatisée en recherche de nouvelle intimité.

Mutin, a multidisciplinary collective comprising choreographer Florence Corin and composer Philippe Jelli — both of whom are also architects — and dancer Céline Verdan, won the international creation award at the 2007 *Bains numériques* festival for its choreographic and digital project *Body Intimacy #1 – Le Poil*. They have started a ***Wiki**** space that invites artists and researchers to freely participate in a network for thinking and creating around the intimate body in the digital age. Here they consider the issues and comment on this multi-mediatised anatomy in search of a new intimacy.

Philippe Franck

Dans notre culture occidentale, nous vivons dans une société de l'image. Aujourd'hui, le visuel est omniprésent, tout est réduit à l'image. Le corps y est présenté dans une image stéréotypée et généralisée par les mass médias. Peu se retrouvent dans ces images réductrices. Et pourtant celles-ci sont si présentes et puissantes qu'elles s'immiscent dans nos corps et nos perceptions. Les technologies numériques — et leur relative démocratisation — permettent plus encore cette manipulation et aujourd'hui chacun peut y prendre part. Comme en témoigne, par exemple, la multiplication des blogs où le corps se retrouve dépossédé de son intimité. La faille se creuse entre ce qui nous est donné à voir, les stéréotypes auxquels il nous faut correspondre et ce que nous ressentons et vivons. C'est dans cet entre-deux qu'il nous semblait devoir agir. Il y a à retisser les liens entre le corps et son image, il y a à reconstruire une intimité à la représentation corporelle.

C'était là le ressenti au début du projet. Des croisements de pensées et les premières réactions au réseau sont venus conforter nos envies de travailler sur la question comme la rencontre avec les discours de Suely Rolnik (psychanalyste, critique culturelle et commissaire brésilienne) et Hubert Godard (directeur du département Danse de l'Université Paris VIII) autour de l'œuvre de Lygia Clark[1] évoquant comment l'image du corps réduite et globalisée s'incorpore en nous, modifiant inconsciemment la construction de notre image du soi. Mots qui vibraient avec notre perception. Les premières réactions à l'idée d'un réseau de réflexion sur le corps intime à l'ère du numérique confirmèrent d'autant plus qu'il y avait là quelque chose qui entrait en résonance. Tout comme notre découverte du travail de Frédéric Durieu[2], *HairSuit*, un poétique recyclage poilu des images pornographiques proliférant sur Internet.

Body Intimacy #1 – Le Poil de Mutin, *centre des arts*, Enghien-les-Bains, janvier 2008

1
Lygia Clark (1920-1988) plasticienne et performeuse brésilienne associée au mouvement néo-concret revendiquant une certaine subjectivité et organicité dans un rapport art-société renforcé ; elle est parfois considérée dans son approche holistique comme une artiste annonçant le multimédia.
Lygia Clark (1920-1988) Brazilian visual artist and performer associated with the neo-concrete movement, which embraced a certain subjectivity and organicity in a strengthened art-society relationship; her holistic approach is sometimes considered as having heralded multimedia.

2
Frédéric Durieu : auteur-développeur d'origine belge est installé à Paris. Son travail qu'il qualifie de « *poésie algorithmique* » consiste à faire naître de l'art à partir du code. Il est l'animateur du *Ciel est bleu* dont les œuvres numériques ont été exposées à Ars Electronica et dans de nombreuses manifestations numériques.
Frédéric Durieu: Belgian-born author and developer, based in Paris. His work, which he describes as "*algorithmic poetry*", involves creating art from code. He runs *Ciel est bleu*, whose digital works have been shown at Ars Electronica and at many digital events.
www.r-suit.com

3
Isabelle Choinière : chorégraphe, performeuse travaillant à Montréal, analyste et directrice artistique de la compagnie de danse et arts numériques *Le Corps Indice*, elle explore les limites physiques et psychiques du corps naturel et du corps synthétique.
Isabelle Choinière: choreographer and performer working in Montreal, and analyst and artistic director of dance and digital arts company *Le Corps Indice*. She explores the physical and mental boundaries of the natural body and the synthetic body.

Pourquoi confronter le corps intime aux technologies numériques ? En ce qui nous concerne, parce que c'est dans le champ de la danse et des technologies numériques que nous travaillons et qu'au fil des créations antérieures, le rapport entre le corps et sa digitalisation s'est affiné, s'est enrichi d'un questionnement plus précis. Plus largement parce qu'aujourd'hui, les technologies numériques construisent l'image du corps. Elles la constituent mais dépossèdent, dans le même temps, le corps de son image. Nous l'avons évoqué ci-dessus, il en est de même dans les arts numériques de la scène où la recherche technologique perd parfois l'image du corps dans un questionnement désincarné où le corps ne peut exister. Il nous semble donc que c'est avec ces mêmes outils et moyens qu'il est nécessaire de travailler à se réapproprier l'image et l'intimité du corps à l'ère du numérique.

Si le corps est dépossédé de son image, où se situe l'intimité du corps ? Si l'on évoque le travail d'Amy Cox par exemple et sa réponse à l'idée du réseau, elle parle d'« *un discours intéressant au sujet de l'espace entre la peau et la conscience* ». Dans son travail antérieur, la performance *Not the Real Very End*, pour quatre performeuses nues, se concentre à libérer les corps des attentes extérieures quant à leur représentation. Les corps entrent en vibration, écoutant leur rythme intérieur, révélés par les transformations de la lumière, ils donnent à voir un état de corps particulier où le spectateur est emmené dans leurs intimités. Ce n'est pas tant le fait de la nudité qui évoque là l'intimité mais plus un mouvement que l'on ressent puisé du plus profond de chaque performeuse.

Une autre des réactions, celle d'Isabelle Choinière[3], nous dit « *que c'est une réflexion nécessaire en ce moment. Réfléchir sur l'intimité. Le projet de spectacle que je travaille actuellement traite d'une certaine façon de l'intimité des femmes, de la fragilité et de la force que l'on porte en chacune de nous* ». Il n'est d'ailleurs pas non plus question de génération d'images dans ce projet. L'intimité est au delà de l'image construite à partir d'un corps pluriel.

In our Western culture, we live in an image-based society. The visual is now ubiquitous; everything comes down to imagery. The mass media portray the body in a stereotypical, generalised way. Few people identify with these reductive images, but they are so present and potent that they interfere with our bodies and perceptions. This manipulation is further enabled by digital technologies and their relative democratisation; and today everyone can take part. This is reflected, for instance, by the increase in blogs where the body is dispossessed of its intimacy. The gap is widening between what we are shown — the stereotypes we must correspond to — and what we feel and experience. In our view, this space is where action must be taken. Bonds between the body and its image need to be recreated; intimacy needs to be restored to bodily representation.

That was how we felt when the project started. Our desire to work on the issue was strengthened by mingling thoughts and the network's first reactions, as when we encountered the ideas of Suely Rolnik (Brazilian psychoanalyst, cultural critic and curator) and Hubert Godard (director of the dance department at University of Paris VIII) on the œuvre of Lygia Clark[1], who considered how the reduced and globalised image of the body is being incorporated in us, unconsciously altering the way self-image is constructed. Their words chimed with our perception. Initial reactions to the idea of a network for thinking around the intimate body in the digital age further confirmed the topic's resonance. As did our discovery of the work by Frédéric Durieu[2], *HairSuit*, a hairy poetic recycling of the pornographic images that proliferate on the Internet.

Why consider the intimate body and digital technologies together? As far as we are concerned, it is because the field of dance and digital technologies that we work in is where, in the course of previous creations, the relationship between the body and its digitalisation has been refined and enriched by more precise investigation. And, in broader terms, because digital technologies are now constructing the image of the body, though at the same time dispossessing the body of it. We mentioned this above; and it also applies to digital stage arts, where technological exploration sometimes loses the image of the body in disembodied questioning where the body cannot exist. We therefore felt it necessary to work with these same tools and resources to repossess the body's image and intimacy in the digital age.

If the body has been dispossessed of its image, where is its intimacy? Amy Cox's work, for example, is noteworthy: responding to the idea of the network, she talks about "*an interesting discourse on the space between skin and conscience*". Her earlier work, *Not the Real Very End*, for four naked female performers, focuses on liberating bodies from external expectations of their representation. The bodies begin to vibrate, listening to their interior rhythm, revealed by transformations of the light; they show a particular body state, taking the spectator into their intimacies. The intimacy is evoked less by the nudity than by a movement that seems drawn from deep within each performer.

Another reaction, from Isabelle Choinière[3], told us "*it was something we need to think about at this time. Think about intimacy. The show project I'm currently working on addresses, in a way, women's intimacy and the fragility and strength we all carry inside*". Neither is this project about generations of images. Intimacy transcends the image constructed from a plural body.

L'image du corps intime, Mutin (Florence Corin, Philippe Jelli, Céline Verdan)
The image of the intimate body, Mutin (Florence Corin, Philippe Jelli, Céline Verdan)

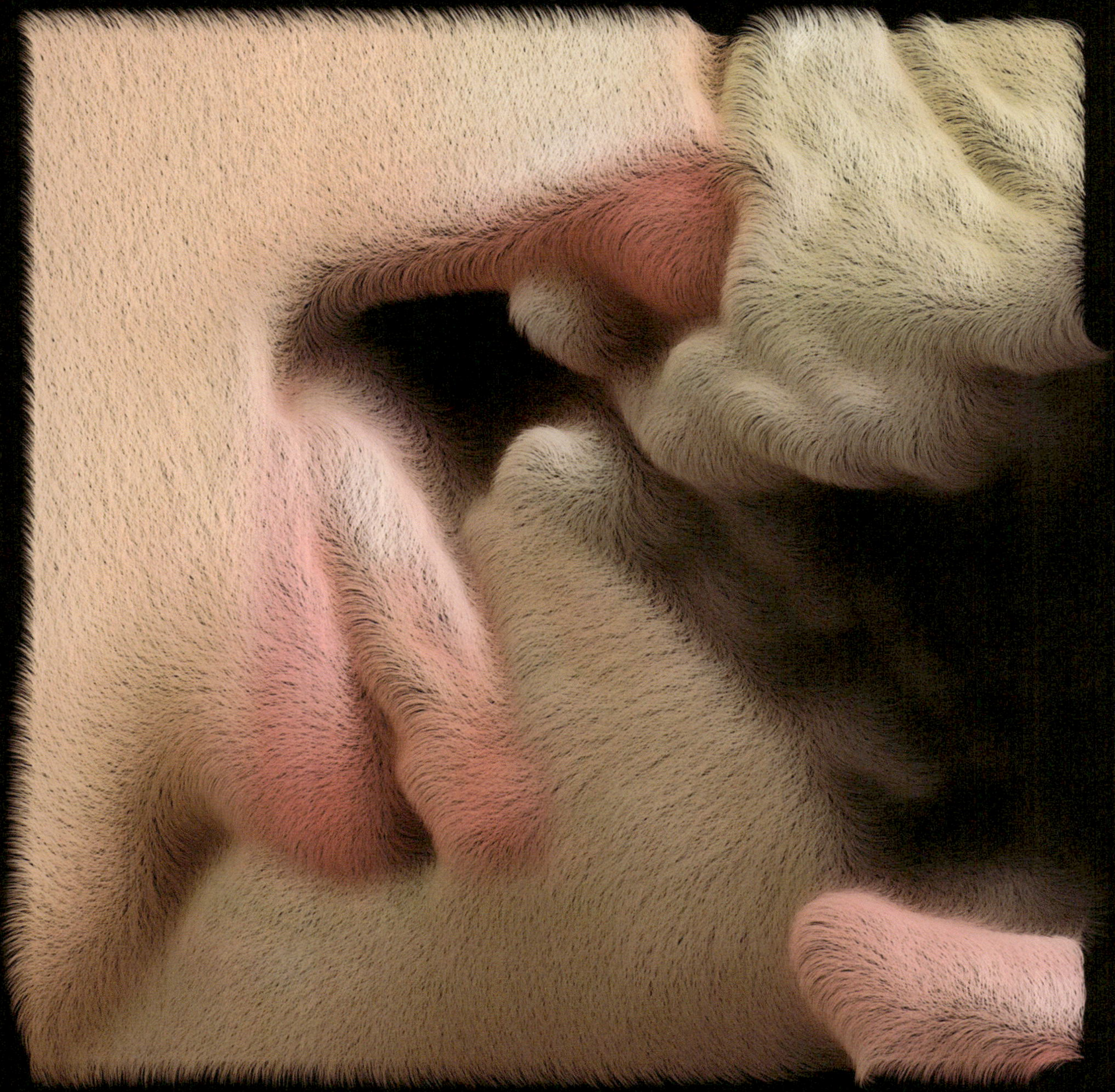

[*]
Wiki: système de gestion de contenu de site web qui rend les pages web librement et également modifiables par tous les visiteurs autorisés.
Wiki: system for managing website content; web pages can be changed on an equal, unrestricted basis by all authorised visitors.

Réseau Body Intimacy: www.mutin.org/BI
Body Intimacy network: www.mutin.org/BI

Rendre les perceptions corporelles sensibles au-delà du corps, faire vibrer l'espace scénique au rythme d'une pulsion interne infime, augmenter un frôlement de poil afin de le rendre tangible, c'est dans ces voies que nous construisons le solo *Body Intimacy #1 – Le Poil*. Cette première création de Mutin pour le réseau nous permet de nous positionner face à la question. D'aller vers une intimité corporelle où l'on reconstruit une entièreté corporelle afin de retrouver la multitude des sens. Une intimité qui n'est plus centrée sur l'image, mais qui au-delà révèle l'infime. ⏩○

La mise en place d'un réseau — et surtout la création d'un espace Wiki pour ce faire — est une volonté politique. C'est signifier notre envie d'œuvrer à l'inverse du schéma de la globalisation. Nous désirons prôner la diversité et la générosité comme mode de création. Par analogie au corps fait de multiples cellules, chaque contribution au réseau est une 'cellule' biologique, une entité fonctionnant de manière autonome mais coordonnée et échangeant avec les autres dans la constitution d'un 'être vivant' en constante évolution.

Au fil des participations et des diverses sensibilités, le ***réseau Body Intimacy****** veut construire la cartographie d'un corps que l'on espère multiple, complexe et réincarné.

We devised the solo *Body Intimacy #1 – Le Poil* to convey sensitive bodily perceptions that transcend the body, to make the stagespace vibrate to the rhythm of a tiny interior impulse, and to augment the brushing of a hair to make it tangible. This first creation by Mutin for the network has enabled us to adopt a position vis-à-vis the issue; and to move towards a bodily intimacy where the totality of a body can be reconstructed in order to regain the multitude of senses; an intimacy that is no longer image-centred and goes further, revealing the infinitesimal. ⏩○

Setting up a network, and especially a Wiki space, to do this is a political statement. It shows we want to work against the grain of globalisation. We wish to advocate diversity and generosity as a creative mode. By analogy with the body, which consists of many cells, each contribution to the network is a biological 'cell', an entity that functions in an autonomous but coordinated way and exchanges with the others to form a constantly-evolving '*living thing*'.

Through its participations and diverse sensibilities, the ***Body Intimacy network**** wishes to build a map of a body that we hope will be multiple, complex and reincarnated.

Pages précédentes : *Body Intimacy #5 – LoCurto / Outcault : thinskinned* [b6-b7_12], 24 x 36", pigment print, 2004 / Page ci-contre : *HairSuit* de Frédéric Durieu

formation & pédagogie

training & teaching

le fresnoy, pedagogie & création numerique

le fresnoy: educating for digital creation

Entretien avec Éric Prigent, propos recueillis par Philippe Franck

Interview to Éric Prigent conducted by Philippe Franck

Depuis une dizaine d'années le Studio National des Arts Contemporains / Le Fresnoy, dirigé par Alain Fleischer (artiste visuel, écrivain), a permis a des artistes issus du monde entier, de développer un cursus unique et des œuvres de haut niveau parallèlement a celles réalisées aussi dans ce cadre par des professeurs invités, artistes contemporains de premier plan (de Ryoji Ikeda à Thierry De Mey, des Straub à Fausto Romitelli). Éric Prigent, responsable pédagogique pour la deuxième année orientée numérique dans sa pluralité, commente cette expérience en constant devenir.

For ten years now Le Fresnoy / The Studio National des Arts Contemporains, directed by artist-writer Alain Fleischer, has been giving artists from all over the world the chance to contribute to a unique study programme while working at their art in the same setting as such leading contemporaries as Ryoji Ikeda, Thierry De Mey, the Straubs and Fausto Romitelli. Here Éric Prigent, in charge of the second year of the programme — digital creation — talks to Philippe Franck about this continuously evolving experiment.

Veuillez crier s'il vous plaît, installation interactive d'Anna Sokolova, 2005

Au Fresnoy, le cursus implique de demander aux étudiants un travail intégrant le numérique en deuxième année après que les disciplines 'traditionnelles' aient été abordées lors de la première année. Cet ordre pédagogique vous semble-t-il toujours pertinent à un moment où le numérique est de plus en plus naturellement intégré dans la création ?

Oui, le projet conserve, dix ans après sa naissance, son entière originalité et sa pertinence. Les étudiants — et c'est une grande richesse — sont d'origine géographique, de culture et de formation diverses (beaux-arts, vidéos, architecture, danse, théâtre, cinéma, musique, arts plastiques, etc.) et ont donc tous un rapport particulier à l'image, au son, à la technologie et à son utilisation dans l'art.

The degree course at Le Fresnoy involves asking second-year students to work with digital media after a first year devoted to the 'traditional' disciplines. Does this sequence still seem relevant to you at a time when the digital is an increasingly natural aspect of the creative process?

Yes it does. Ten years down the track the project remains as distinctive and as relevant as ever. The students — and this is a great asset — come from many different countries and all sorts of cultural and educational backgrounds: the visual arts, video, architecture, dance, theatre, cinema, music, etc. And so each of them has his own particular relationship with images, sound and technology as used in art.

Métier à tisser, installation interactive de N.C Kingsley, 2005

These individual groundings — these "*technical and artistic histories*" — can find new impetus in Le Fresnoy's atypical two-year course, in which a range of practices and disciplines can challenge and cross-fertilise each other. The first year covers cinema and the visual arts, notably photography, taken in terms of traditional technology. All the uses of cinema are gone into: experimental, creative documentary, expanded cinema, animation, cinema in installations, etc. Then comes the second year, devoted to digital creation in all its forms.

Even if digital technology is becoming more and more widespread, it's still interesting to work with traditional technologies, because they give rise to distinctive idioms and will always remain sources of innovation. To quote first-year coordinator Frédéric Papon, "*We start with a thorough course in the basic cinema techniques, with guidance from leading filmmakers who have come to Le Fresnoy to make a film of their own — often a film they could never have made on the industry circuit, given their career situation. Examples are Tsaï Ming Liang and Eugène Green, who made their first shorts here; and Bruno Dumont, who took advantage of making a film to try his hand at an installation, a creative mode totally new to him. Others who are trying to finish a film come in search of vital technical backup you can't find any more in the classical production context*". So our current teaching system seems to us more relevant than ever: it's open to every kind of technology from the most venerable to the most innovative, and above all to artistic cross-fertilisation.

Ces histoires individuelles, ces « *passés techniques et artistiques* » peuvent trouver un nouvel élan et ces pratiques et disciplines diverses peuvent se réinterroger et surtout se croiser dans le cursus singulier du Fresnoy, divisé en deux années. La première est consacrée au cinéma (toutes les formes d'utilisation du cinéma, du cinéma expérimental au documentaire de création, de l'*expanded cinema* au cinéma d'animation en passant par le cinéma considéré comme un des éléments d'une installation, etc.) et aux arts visuels, notamment la photographie, envisagés dans leurs technologies traditionnelles. La seconde année est consacrée à la création numérique sous toutes ses formes.

Même si les technologies numériques se généralisent, il reste intéressant de travailler avec des technologies traditionnelles, parce qu'elles font naître des écritures singulières et resteront toujours sources d'invention. Je citerai Frédéric Papon, qui coordonne au Fresnoy la première année : « *À un apprentissage rigoureux des techniques de base de la fabrication d'un film, nous ajoutons un accompagnement assuré par les plus grands cinéastes qui eux même viennent au Fresnoy produire une œuvre, souvent le film qu'ils ne peuvent plus réaliser dans le circuit normal de l'industrie vu l'avancement de leur carrière (ainsi Tsaï Ming Liang ou Eugène Green ont réalisé au Fresnoy leurs premiers courts métrages ; à l'inverse, Bruno Dumont, cinéaste, a réalisé au Fresnoy, parallèlement à la production d'un de ses films, une installation, mode d'expression tout à fait nouveau pour lui), ou qui viennent trouver au Fresnoy le complément technique indispensable qui leur permettra de finaliser un projet en cours, que les conditions de production classique ne permettent plus d'assurer* ». Le dispositif pédagogique actuel nous semble donc encore pertinent aujourd'hui, car il est ouvert à toutes les formes technologiques, des plus historiques ou plus innovatrices et surtout à tous les croisements artistiques.

Métier à tisser, installation interactive de N.C Kingsley, 2005

On peut remarquer que le son est un matériau de plus en plus diversement investi par des étudiants-artistes issus de disciplines différentes. D'autre part, les arts de la scène (performance, danse,…) ont aussi un intérêt croissant par rapport au cinéma ou aux arts visuels prédominants au départ du projet du Fresnoy. Comment expliquez-vous cela ? Comment cela se manifeste-t-il ?

Concernant plus spécifiquement le son, matériau effectivement investi via des disciplines différentes, nous nous y intéressons tout particulièrement, en inventant parfois nos propres dispositifs de « *formation/création/production/diffusion* ». Ainsi, la recherche et l'expérimentation exigeant parfois des temps et des espaces différents, Le Fresnoy et la Fondation Royaumont ont eu une collaboration sur deux ans. Lieu de réflexion pragmatique et d'expérimentation, Le Grand Atelier de la fondation est un modèle de collaboration original où des artistes de toutes disciplines peuvent inventer de nouvelles formes de spectacle. Le principe est la non-prééminence d'une discipline artistique sur les autres : chaque créateur conçoit à égalité le projet commun qui bien sûr concernera des problématiques de l'image liées au son, à la voix, à l'instrumentation live, etc. Un second dispositif, mis en place avec l'Institut de Recherche et Coordination Acoustique/Musique (IRCAM) pour trois années, s'inscrit aussi dans une logique de recherche et d'innovation : il permet à un compositeur et à un étudiant du Fresnoy de créer un projet collaboratif renouvelant les formes de relations entre l'image et le son, à la réalisation d'une performance intégrant des outils d'informatique musicale, notamment en temps réel (avec musiciens), à la réalisation d'une installation intégrant une dimension sonore utilisant des outils d'informatique musicale (générativité/temps réel),ou encore à la réalisation d'une œuvre en réseau et/ou sur le réseau.

One interesting thing is the way sound is drawing lots of attention from artists-students in different disciplines. And then genres like performance and dance are looming larger in comparison with cinema and the visual arts, which were the dominant strands when Le Fresnoy started. What form is this change taking? And how do you explain it?

As you say, different disciplines are getting involved with sound, which is one of our special interests: sometimes we come up with our own "*teaching/creation/production/distribution*" systems. This means that research and experimentation may call for different time frames and spaces. At one stage there was a two-year collaboration with the Royaumont Foundation, a down-to-earth centre for ideas and experiments: its Grand Atelier is a model system for allowing artists from every discipline to invent new performance modes, the basic rule being that no one discipline takes precedence. This means that each artist makes an equal contribution to a shared project bearing on, for example, the connection between image and sound, image and voice, image and live music, etc.
A second, three-year venture with the IRCAM experimental sound and music institute in Paris is another illustration of this research/innovation idea: a composer and a student from Le Fresnoy undertake an experimental joint project involving the image/sound relationship, the result being either a performance work using computer music tools, to be performed with musicians and in real time; an installation incorporating sound and using generative/real time computer music tools; or the creation of a network-led composition.

How do today's students appropriate digital tools for visual productions and other works closer to the performing arts or sound? What are the interactions between project (or prototype), form (technology or outside assistance) and content (technology as object but also as subject)?

First of all there's the broad typological range of projects worked on at Le Fresnoy: sound installations (interactive or not), films, videos and video installations (interactive or not), computer-assisted images, sound performances and real-time images. This doesn't make it easy to generalise about practices and, by extension, about the relevant technical training. However, we have to train students who are creative, original and familiar with current technology. Access to the technology — via workshops, lectures, specialist input and, of course, the guest artist-teacher and maybe associated external bodies — means we can encourage students to speculate and make progress in terms of new, different styles and the development of fresh imaginative fields.

The project-form-content interactions are ongoing, given that within the framework of certain 'technologically advanced' works we start out with an idea, an artistic project; and that the technological means for concrete implementation of the idea are not necessarily decided on in advance. So for certain works there has to be expert preparation and all sorts of test phases.

What changes have you noticed over recent years among the students, but also the guest artists-teachers, in respect of digital tools?

Digital technology allows for experimentation in all creative fields. To quote Norbert Hillaire and Edmond Couchot, "*Almost all the traditional arts have increasingly borrowed from digital technology, and have been transformed and regenerated: graphics and photography, the visual arts, video and the cinema. The digital influence extends not only to the visual arts and music, but also to poetry, literature and the performing arts: theatre, dance and opera*".

Another noteworthy feature is the need for greater professionalisation, or at least an increasingly vital emphasis on the technical approach to digital tools, and this is what we're trying to offer our students. If you want to discuss with a computer specialist you have to know the vocabulary.

Digital technology now being a feature of all creative domains, the guest artists who work with our students represent all forms of artistic practice — there are choreographers, composers, visual artists, performance artists, video makers and even writers — and even all the hybridisations. Among them are Atau Tanaka, Charles Sandison, Daniel Dobbels, Sven Palhsson, Alain Buffard & Armando Menicacci, Ryoji Ikeda, Georges Aperghis, Grégory Chatonsky, Catherine Ikam, Openended Group, Daniel Danis, Andrea Cera, David Link, Fausto Romitelli, Paolo Pachini, Mauro Lanza, Pier-Paolo Calzolari and Kurt Hentschlager.

Moreover, variant forms — of the installation, the performance, etc. — have emerged which incorporate such new forms of technology as capture, interaction, 3D, real time and transmission; they include communication networks and new geolocation and mobility tools. The typology of these forms remains complex for, as I was saying, hybridisation is the key word: association or grouping of various technologies, merging of disciplines and so on.

Comment les étudiants s'approprient-ils aujourd'hui les outils numériques tant pour des travaux visuels que plus proches des arts de la scène ou sonores ? Quelles sont les interactions entre le projet (ou le prototype), la forme (maîtrise technologique ou aide extérieure) et le contenu (la technologie comme objet mais aussi comme sujet) ?

Il faut avant tout noter le large éventail typologique des projets développés au Fresnoy : installations sonores (interactives ou non), films et vidéos, installations vidéo (interactives ou non), images de synthèse, performances son et image temps réel — ce qui rend peu aisé toute tentative d'homogénéisation des pratiques et donc des formations techniques afférentes ! Il importe pourtant de former des étudiants créatifs, innovants et familiers des technologies d'aujourd'hui. L'accès à ces technologies nouvelles au Fresnoy (à travers workshops, conférences, rencontres, expertises spécialisées, et bien sûr en relation avec l'artiste professeur invité et des structures extérieures pouvant être associées au projet) permet d'inviter nos étudiants à des questionnements, peut-être à une avancée en terme d'écritures différentes, nouvelles et en terme de développement de nouveaux imaginaires.

Les interactions projet-forme-contenu sont permanentes car dans le cadre de certaines œuvres 'technologiquement pointues', nous partons d'une idée, d'un projet artistique et *a priori* les technologies pour réaliser cette idée, la concrétiser, ne sont pas forcément définies à l'avance. Il y a donc un travail préalable d'expertise et de nombreuses phases de test pour certains travaux.

Quelles évolutions du côté des étudiants mais aussi des professeurs-artistes invités avez-vous noté dans la pédagogie intégrant les outils numériques ces dernières années ?

Les technologies numériques permettent des expérimentations dans tous les champs de la création. Pour reprendre Norbert Hillaire et Edmond Couchot : « *Presque tous les arts traditionnels ont emprunté de façon croissante aux technologies numériques, se sont revivifiés et transformés à leur contact : les arts graphiques et photographiques, les arts plastiques, l'art vidéo, le cinéma. Ce ne sont pas uniquement les arts visuels et la musique qui sont sous influence numérique, mais aussi la poésie et la littérature, les arts vivants (théâtre, danse, opéra)* ».

Par ailleurs on peut noter la nécessité d'une professionnalisation accrue, ou tout au moins d'une accentuation de plus en plus impérative de l'approche technique des outils numériques, ce que nous essayons d'apporter à nos étudiants. Pour dialoguer avec un ingénieur il faut un vocabulaire partagé.

Les technologies numériques étant aujourd'hui présentes dans tous les champs de la création, les artistes invités qui encadrent nos étudiants sont eux-mêmes représentatifs de toutes les pratiques et si j'ose le dire, de toutes les hybridations : chorégraphes, compositeurs, plasticiens, performeurs, vidéastes ou même écrivains ! (Atau Tanaka, Charles Sandison, Daniel Dobbels, Sven Palhsson, Alain Buffard & Armando Menicacci, Ryoji Ikeda, Georges Aperghis, Grégory Chatonsky, Catherine Ikam, Openended Group, Daniel Danis, Andrea Cera, David Link, Fausto Romitelli, Paolo Pachini, Mauro Lanza, Pier-Paolo Calzolari, Kurt Hentschlager).

Par ailleurs, ce nouvelles formes (installations, performances, etc..) sont apparues intégrant des technologies nouvelles de captation et d'interaction, de 3D temps réel ou de transmission (réseaux de communication, nouveaux outils de géolocalisation ou de mobilité). La typologie de ces formes reste complexe car, comme je le disais, l'hybridation est le maître mot : association ou rassemblement de technologies diverses, fusion des disciplines…

Fragment n°11, dispositif performatif de Julien Tarride

À la fin de chaque année, une grande exposition *Panorama* avec un commissaire invité, rend visible le travail des étudiants ? Sont-ils sensibilisés aux conditions de monstration auparavant ? Cela fait-il aussi partie de leur formation (je pense plus particulièrement aux problématiques d'exposition des images, des flux et des sons numériques) ?

Oui, *Panorama* est un rendez-vous important puisque cette manifestation présente l'intégralité des œuvres produites dans l'année par les 48 étudiants et par les artistes-professeurs invités. Il s'agit là d'un élément fondamental du cursus pédagogique, tout d'abord parce que, chaque année, l'exposition *Panorama* est coordonnée par un commissaire invité reconnu pour son exigence, son expérience artistique de haut niveau, son professionnalisme et son envie de transmettre (Leonor Nuridsany, Anne Tronche, Christophe Kihm, Dominique Païni, Joëlle Pijaudier-Cabot, Marianne Alphant, Madeleine Van Doren, Philippe Dagen, Bernard Blistène), capable, non pas de sélectionner et de faire un choix parmi les œuvres produites comme le ferait habituellement un commissaire, mais de relier toutes ces œuvres 'en création' les unes aux autres, en déterminant parfois des thématiques singulières (du *Paysage persistant* d'Anne Tronche au *Salon des Prototypes* de Christophe Kihm ou au *Présumés coupables* ! de Dominique Païni…).

Par ailleurs, la scénographie générale est confiée à un scénographe professionnel, créatif et expérimenté (Nathalie Crinière, Christian Kieckens, Jacky Lautem..). Ils sont issus de mondes professionnels différents, de l'architecture aux arts du spectacle… ce qui est une véritable valeur ajoutée pour un lieu comme Le Fresnoy qui prône le croisement des disciplines artistiques.

L'exercice peut être complexe car, les œuvres étant en création, le projet de monstration reste évolutif sur plusieurs mois. La création et la monstration vont de pair durant une longue période, parallèles à la production. Les étudiants, en relation étroite avec le commissaire, le scénographe, nos équipes techniques et pédagogiques, vont aborder les problématiques de diffusion des images et de sons, comme les qualités de résolution, de spatialisation ou d'éclairage par exemple, et bien sûr s'interroger continuellement sur la justesse des dispositifs proposés en insistant sur la question fondamentale de la relation avec le public.

Comme c'est le cas pour les autres expositions présentées au Fresnoy (comme par exemple le *Jardin Théâtre Bestiarium*, qui renouvelle les modalités d'organisation des expositions d'art contemporain en établissant des liens multiples entre des formes telles que architecture, cinéma, théâtre et photographie), *Panorama* est en quelque sorte, à sa façon, un laboratoire de recherche où une pédagogie de la monstration, de la présentation, de la mise en espace, de l'exposition est également à l'œuvre. L'accompagnement va enfin au-delà de *Panorama*… afin de rendre le travail 'diffusable' ensuite dans d'autres lieux ou d'autres espaces.

At the end of every year a major exhibition called *Panorama*, with a guest curator, puts the students' work on show. But are students taught in advance what exhibiting entails? Is that part of their training? I'm thinking in particular of what's involved in exhibiting images, information flows and digital sound.

Panorama is a big event in that it covers all the works produced in the course of the year by the 48 students and the guest artists-teachers. And this is a fundamental aspect of the teaching programme: first of all because every *Panorama* is coordinated by a guest curator respected for his exactingness, professionalism and urge to share. People like Leonor Nuridsany, Anne Tronche, Christophe Kihm, Dominique Païni, Joëlle Pijaudier-Cabot, Marianne Alphant, Madeleine Van Doren, Philippe Dagen and Bernard Blistène: people capable not only of making expert choices the way a curator does, but also of establishing connections between the works in progress and sometimes of homing in on very distinctive themes, as in Anne Tronche's *Ongoing Landscape*, Christophe Kihm's *Salon of Prototypes* and Dominique Païni's *Presumed Guilty*.

What's more, the overall layout is entrusted to such experienced professionals as Nathalie Crinière, Christian Kieckens and Jacky Lautem. They come from different professional backgrounds — architecture, the performing arts, etc. — and this represents an extra asset for a place like Le Fresnoy, with its emphasis on cross-fertilisation between disciplines.

This can be a complex exercise since it involves works in progress, which means the exhibition project remains in a state of constant evolution over several months. Creation and exhibition thus go hand in hand over a long period, in parallel with production. Working closely with the curator, the designer and our technical and educational teams, the students consider the issues involved in the distribution of images and sounds — resolution, spatialisation and lighting, for example — while at the same time, naturally, working on the appropriateness of the suggested layouts in the light of the basic question of the relationship with the public.

As with the other exhibitions at Le Fresnoy — *Garden Theatre Bestiarium*, for example, which revitalised the organisational modalities for contemporary art by establishing multiple links between forms like architecture, cinema, theatre and photography — *Panorama* is, in its own way, a kind of research laboratory where the teaching of exhibition approaches, presentation and layout is also going on. And this extends beyond *Panorama* itself, so that the works concerned can be rendered 'showable' in other places and spaces.

le CECN, un trait d'union entre formation et scènes numériques

CECN: from training to digital performance

Entretien avec Pascal Keiser, propos recueillis par Philippe Franck
Interview to Pascal Keiser, conducted by Philippe Franck

Depuis son lancement en 2003 à la faveur d'un programme interégional regroupant les Manège de Mons (centre culturel) et de Maubeuge (scène nationale), Technocité (centre de formation technologique de la Région Wallonne) et la Ville de Jeumont, le Centre des Ecritures Contemporaines et Numériques (CECN) s'est rapidement développé entre la Belgique et la France. Associant arts de la scène et technologies numériques, formation et création, le CECN a développé, outre ses activités premières, des coopérations importantes tant avec le secteur culturel que celui de la recherche appliquée ou encore de l'entreprise innovante. Pascal Keiser, en charge de ce CECN unique nous en retrace les lignes de force.

CECN (Centre des Ecritures Contemporaines et Numériques/Centre for Contemporary Digital Creation) was formed in Belgium in 2003 as part of an interregional programme regrouping the manège.mons cultural centre in Mons, the Manège national theatre in Maubeuge, the Technocité, technology training centre and the City of Jeumont. Links with France were quickly established,and to its initial mix of performing arts, digital technology, training and creative work, CECN added major cooperative ventures in the cultural, applied research and innovative industry domains. Here director Pascal Keiser talks about what CECN is and how it works.

Comment le projet transrégional du CECN, unique en Belgique francophone et chez ses voisins, a-t-il évolué depuis sa création en 2003 sous les auspices du manège.mons et du Manège/scène nationale de Maubeuge pour couvrir aujourd'hui un large champ de la formation et de la production arts de la scène/technologies ? Quel bilan tirez-vous de cette première période ?

Notre projet s'est développé en 2003 en continuité aux studios technologiques de Maubeuge et de la Maison des Arts de Créteil (MAC) que Didier Fusillier avait développés quelques années auparavant pour accompagner les productions artistiques en résidence par un studio disposant de moyens technologiques et humains en vidéo, image de synthèse et son. Cette première étape, qui était assez unique pour des structures culturelles, était intéressante dans l'objectif de créer une « *nouvelle fabrique de théâtre* » mais avait ses limites. Il était particulièrement dommage de voir des travaux se développer lors des résidences sans possibilité de structurer ces connaissances, ni de les transmettre à d'autres artistes ou techniciens qui étaient cependant fortement en demande par rapport à leur évolution professionnelle, et à l'accélération importante de l'évolution technologique et numérique.

CECN was founded in 2003 and since then has become very active in the fields of education and production as they apply to the performing arts/technology binome. Could you tell us something about its development? And what's your appraisal of this initial period?

Our project got under way in 2003 in conjunction with the technological studios in Maubeuge and at the Maison des Arts in Créteil (MAC), near Paris. Didier Fusillier had set the studios up some years before so that artist-in-residence productions would have the necessary studio and human resources in terms of video, computer-assisted imagery and sound. This first stage, which was something pretty unique in its field, was interesting in that its goal was to create a "*new theatre factory*", but it had its limitations. It was a shame to see projects take shape during residencies with no possibility of structuring what was learnt or of passing it on to other artists and technicians — especially as increasingly rapid technological and digital developments meant there was a real demand for qualified people.

L'Effet Papillon de la compagnie Contour Progressif, Mylène Benoît

À partir de ce constat, nous avons réfléchi avec Yves Vasseur, intendant du manège.mons, à un positionnement plus avancé encore de nos structures culturelles dans la cité de manière à répondre à cette évolution de l'environnement. L'idée était de compléter le manège.mons naissant et intégrant un centre dramatique, l'ensemble Musiques Nouvelles et une maison Folie issue de Lille 2004 par un département numérique axé sur la pédagogie et la production. Nous nous sommes rapprochés d'un acteur important de la formation continue professionnelle NTIC en Belgique, Technocité, et avons développé une série d'initiatives des deux côtés de la frontière autour de trois axes : la formation professionnelle continue « *arts de la scène / technologie* », les résidences de projets « *arts de la scène / technologie* », et des actions de sensibilisation grand public via la coproduction de festivals tels *VIA*, *City Sonics*, *Les Transnumériques* et la publication d'un magazine semestriel. Nous avons eu recours à des financements interreg, dont la plupart venaient de budgets formation, non culturels. Nous avons également beaucoup travaillé sur l'accessibilité en nous assurant qu'il n'y ait pas de barrière de coût ni de barrière temporelle, c'est pourquoi la majorité des ateliers durent une semaine et sont gratuits en zone transfrontalière.

Cinq années après le lancement du projet, son impact est en toute objectivité très important, en termes qualitatifs et quantitatifs. Nous avons formé en 2007 plus de 400 personnes sur des ateliers d'une semaine, accueilli toujours en 2007 une vingtaine de compagnies dans des résidences technologiques d'une semaine à trois mois. Au-delà, divers centres de formation professionnelle, diverses écoles supérieures ou universités françaises et belges ont repris nos ateliers dans leur programme ou nous ont contactés comme Le Fresnoy / Studio National des Arts Contemporains pour établir conjointement des cycles de formation spécifiques.

Le plus important est sans aucun doute que nous avons pu au-delà des artistes et techniciens directement concernés par la formation professionnelle « *arts de la scène/technologies numériques* » impliquer l'ensemble des acteurs sociétaux sur l'enjeu collectif de la maîtrise du numérique : programmateurs et responsables culturels, grand public, universités et écoles supérieures, décideurs politiques, acteurs du privé. L'impact du projet nous a dépassé sur ces externalités, mais c'est une dynamique très positive où nous apprenons collectivement à tenter de connaître les outils de la modernité.

This led us to work with manège.mons director Yves Vasseur on the idea of building up our cultural structures in line with changes in the overall context. The intention was to complement the infant manège.mons — which then comprised a drama centre, the Musiques Nouvelles ensemble, and a Maison Folie cultural centre established in Lille in 2004 — with a digital department focusing on teaching and production. So we went to see Technocité, a major Belgian player in continuing education in the IT field, and came up with a three-part set of initiatives for both sides of the border: continuing education in "*performing arts/technology*"; project-led "*performing arts/technology*" residencies; and awareness ventures aimed at the general public that would include festivals like *VIA*, *City Sonics* and *Les Transnumériques*, and publication of a biannual magazine. We were able to get some Interreg financing, most of which came from training rather than cultural budgets. We also put real emphasis on accessibility by making sure there were no cost or time obstacles; this is why most of the workshops last a week and are free in the crossborder zone.

Objectively speaking, five years down the track the project's impact is considerable, qualitatively and quantitively. In 2007 we trained over 400 people in one-week workshops, and catered for twenty performing companies with technology residencies lasting from a week to three months. Moreover various French and Belgian training centres, schools of advanced studies and universities have included our workshops in their curricula or, like the Le Fresnoy / The Studio National des Arts Contemporains, got in touch with us with a view to setting up joint educational programmes.

The most important thing is doubtless that, in addition to the artists and technicians directly concerned by "*performing arts/digital technology*" training, we've succeeded in involving all the social players in the collective issue of digital skills: cultural directors and programmers, the general public, universities and schools of advanced studies, political decision-makers and the private sector. We're finding the project's impact hard to manage in these respects, but the dynamic is a very positive one and we're learning to make a group effort at mastering the tools of modernity.

L'Effet Papillon de la compagnie Contour Progressif, Mylène Benoît

Le CECN lance un projet de plate-forme Internet informative et participative consacré à la création numérique et scénique, quelles en sont les fonctions principales ? À quels besoins et désirs, cela correspond-t-il de la part des professionnels de la création numérique ?

Au-delà de la formation professionnelle, divers enjeux sont liés à l'accélération et à la démocratisation numériques : l'autodidactie avec ses avantages et ses inconvénients, la structuration et l'échange des connaissances. Curieusement, les outils Internet collaboratifs et d'indexation avancés sont peu utilisés par la communauté artistique dans le champ de l'échange et de la structuration des connaissances, même si de rares initiatives ont vu le jour.

Face au nombre important de résidences suivies au CECN, nous nous sommes rendu compte que les projets développaient souvent les mêmes recherches sans passer par un état de l'art comparatif par manque d'un outil existant. Le projet est une continuité de notre démarche de structuration des connaissances par l'organisation de formations professionnelles, et vise à développer une plate-forme web qui complètera ces formations par un archivage des connaissances numériques développées notamment lors des résidences au CECN ou ailleurs via un réseau de partenaires, de travaux de recherche, avec divers outils d'indexation avancés et novateurs sur les contenus textes, vidéos et sonores.

Cette plate-forme nous permettra aussi de développer via le web une pédagogie hors frontière notamment dans le cadre de divers projets de coopération au développement en cours, ou plutôt de co-développement, où le numérique peut amener de nombreuses possibilités de décloisonnement.

De deux points de vue de la compagnie Michèle Noiret pour le CCN – Ballet de Lorraine

Le CECN a co-produit mais aussi accueilli en résidence des chorégraphes (Michèle Noiret, Nicole Mossoux/Patrick Bonté, Hiroaki Umeda,...) et metteurs en scène (Denis Marleau, Daniel Danis, Eric Joris, Teatro Cinema,...). En quoi cet accompagnement et cette mise à disposition technologiques influent-ils sur le cours de telles créations de pointe internationales ?

Nous ne travaillons pas uniquement avec de grandes productions et privilégions beaucoup la jeune création numérique. Dans les deux cas, travailler en production avec la technologie est plus complexe que sans. En tant que producteurs accueillant des artistes utilisant la technologie, nous devons évoluer et accepter deux fondamentaux : utiliser la technologie demande beaucoup plus de temps aux équipes artistiques et techniques, et nous devons accepter un taux d'échec plus important lié à une complexité et une fragilité en général plus grande des projets, à un travail de recherche.

Dans une structure comme le CECN, nous pouvons accompagner le processus de productions importantes ou plus petites de manière nouvelle au niveau de la gestion des connaissances : des ateliers de recherche peuvent être organisés, des ateliers de formation pour l'équipe technique et artistique du projet, des ateliers pour des professionnels extérieurs au projet, des documentaires relatifs au rapport à la technologie des intervenants du projet comme celui réalisé avec ARTE Belgique pour la dernière création de Michèle Noiret et présenté à Mons après le spectacle. Il est clair que ces propositions ont une influence sur le travail des équipes artistiques, techniques et donc sur les œuvres, mais aussi sur les équipes administratives, la réception du public. Notre approche est de considérer le matériau numérique comme une opportunité et de créer une dynamique d'échange et de connaissance positive autour de son utilisation.

De deux points de vue de la compagnie Michèle Noiret pour le CCN – Ballet de Lorraine

CECN has coproduced – and provided residencies for – choreographers like Michèle Noiret, Nicole Mossoux/Patrick Bonté and Hiroaki Umeda, and stage directors like Denis Marleau, Daniel Danis, Eric Joris and Teatro Cinema. What influence do this ongoing support and provision of technological facilities have on cutting-edge international productions?

We don't work exclusively with big productions; there's a lot of emphasis on digital creative work by young artists, too. In both cases it's more complicated to work with the technology than without. As producers catering for artists using technology, we have to evolve and accept two fundamental facts: using technology demands much more time from the artistic and technical teams; and we have to accept the higher failure rate inherent in projects whose experimental nature makes them more complex and more fragile.

CECN is setting up an information/participation Internet platform devoted to digitally-inflected creative ventures. What are the platform's main functions? And what needs does it meet for digital creation professionals?

In addition to the professional training aspect, there are various issues linked to the rapid spread of digital technology at all social levels: self-education with its advantages and disadvantages, and the structuring and exchange of skills. Curiously the advanced collaborative and indexational tools available on the Internet are little used by the artistic community in the area of skill structuring and exchange, even if there have been a few initiatives in this direction.

Looking at the substantial number of sought-after residencies at CECN, we realised that the projects often followed the same lines of research, but that we had no comparative tool for establishing the state of the art. The Internet platform project is an extension of our plan for structuring skills via organisation of professional training, and aims at complementing the training with filing of the accrued skills — especially when these have been acquired during residencies at CECN or elsewhere via a network of partners and research and the application of advanced, innovative indexation tools to text, video and sound content

The platform will also enable us to develop a Web-led, no-frontier teaching approach, notably in the context of cooperative — or rather joint — development projects currently under way, in which digitisation can open up all sorts of possibilities for decompartmentalisation.

A body like CECN can provide a new kind of continuing support for large or small-scale production processes in terms of skills management: we can organise research workshops, training workshops for a project's technical and artistic teams, workshops for outside professionals, and documentaries on project contributors' relationship with technology — like the one made with ARTE Belgium for Michèle Noiret's recent dance production and shown in Mons after the performance. These ideas clearly have an influence on the work of the artistic and technical teams — and thus on the works themselves — but also on the administrative personnel and the reaction of the public.
Our approach is to consider digitisation as a real opportunity and use it to set up a positive dynamics of exchange and skills acquisition.

L'Effet Papillon de la compagnie Contour Progressif, Mylène Benoît

Vous collaborez avec l'Institut National de l'Audiovisuel (INA), le Centre de Formation Professionnelle aux Techniques du Spectacle (CFPTS) et certaines des formations du CECN sont conventionnées par l'AFDAS (Fonds d'assurance formation des secteurs de la culture, de la communciation et des loisirs) comment s'articulent pratiquement ces liens entre un organisme wallon et interégional comme le vôtre et ces institutions françaises qui ont une autre histoire et d'autres fonctionnements ? Quelles sont les formations et initiatives à terme qui vous semblent le plus pertinentes dans ce cadre collaboratif transfrontalier ?

Nous essayons de fonctionner avec efficacité et flexibilité avec notre partenaire parisien la MAC Créteil, et toujours en système ouvert, prêts à transmettre nos connaissances, nos processus pédagogiques. Les contraintes administratives sont souvent plus lourdes en France, mais les choses évoluent très positivement car les différents acteurs mentionnés se rendent compte que les métiers évoluent, et que nous sommes face à une accélération qui change les règles bien établies des métiers formatés.

Dans le cadre de notre nouveau projet transfrontalier interreg CECN2, nous allons développer des approches métiers liées à la spécialisation de l'utilisation des outils numériques par domaine d'activité, notamment au niveau de la danse, du théâtre et de la musique. Là où l'on parlait de transversalité numérique tous azimuts il y a cinq ans, nous en sommes aujourd'hui à une spécialisation des outils numériques en fonction des domaines d'utilisation.

Le CECN est également en lien avec de nouvelles initiatives notamment un pôle d'entreprises technologiques de pointe à Mons, Virtualis. Quels types de synergies vous semble-t-il possible et nécessaire aujourd'hui de mettre en place entre un centre travaillant entre cultures et technologies prospectives tel que le vôtre et la dynamique développée par le « *techno privé* » ?

Dans une région ayant plus de 20% de demandeurs d'emploi, en reconversion directe de la vieille industrie lourde vers l'innovation digitale, nous ne pouvons envisager un projet culturel sans implication dans les problématiques d'emploi, donc sociales et économiques. Au-delà de l'installation du centre européen de serveurs de Google à Mons et d'autres discussions importantes en cours, la création de Virtualis, réseau d'une dizaine d'entreprises spécialisées dans les technologies digitales 'temps réel' de l'image, du son et de la voix, est une opportunité de travailler ensemble dans une dynamique nouvelle d'échange où des entreprises pourront accueillir des stagiaires en formation ou accompagner des artistes ou techniciens avec des moyens technologiques allant au-delà de ce qu'un centre de formation même important comme Technocité peut offrir.

Par ailleurs il nous apparaît idéal en retour qu'une structure culturelle puisse au-delà du questionnement sur le sens des nouveaux outils numériques donner par ce type de collaboration une forme de reconnaissance sociale, collective, à des acteurs hi-tech locaux en démystifiant, expliquant la technologie locale vis-à-vis du grand public, notamment du jeune public amené à s'orienter vers de nouvelles orientations professionnelles en rupture totale avec l'environnement de leur ainés. Tenter de réduire le temps entre l'apparition d'une technologie numérique et son assimilation critique par la population au sens large est un challenge collectif important dans lequel une structure culturelle peut avoir un rôle central.

Quelles collaborations menez-vous concrètement avec la recherche scientifique appliquée jouxtant la création numérique telle que celle du récent programme Numediart (Faculté Polytechnique de Mons et Université Catholique de Louvain) soutenu par la Région Wallonne, travaillant sur les lutheries électroniques, le corps interactif et la gestion des contenus multimédias ?

Avec le développement de nos activités depuis 2003, l'accompagnement technologique de certains projets ne peut plus se faire avec les moyens d'un centre de formation, même si nous avons été précurseurs dans ce domaine. En ce sens l'initiative Numediart pilotée par le professeur Thierry Dutoit de Polytech.Mons va nous permettre de développer de manière structurée des programmes de recherche de trois mois avec ingénieurs, docteurs ingénieurs et entreprises accompagnant les projets artistiques, ouvrant de nouveaux espaces de créativité et d'innovation, mais aussi de nouvelles approches entre acteurs humains de cultures différentes : artistes, ingénieurs et entreprises, par le biais de projets culturels.

You work with the National Television Archive (INA) and the Performing Arts Professional Training Centre (CFPTS), and some of the CECN training courses are subsidised by the state culture and communication body AFDAS. In practical terms how do you manage the connections between a Belgian, francophone, interregional organisation like yours and these French institutions, whose background and functioning are quite different? And in the long run which kinds of training and which initiatives seem most relevant to you in this context of crossborder collaboration?

We do our best to work efficiently and flexibly with our Paris partner — the Maison des Arts in Créteil (MAC) — and to keep the system open: we're always ready to communicate our skills and educational methods. The bureaucratic side is often more difficult in France, but things are changing for the better: the players you just mentioned are aware now that the professions concerned are evolving and that the sheer speed of change means the entrenched rules governing those professions have to change too.

As part of our new crossborder interregional project CECN2 we'll be developing profession-led approaches to specialised use of digital tools in specific domains, notably dance, theatre and music. So in contrast with the all-out digital transversality that was the big thing five years ago, we're now looking at specialisation of digital tools according to the field they're being used in.

CECN is also tied in with various new initiatives including Virtualis, the cutting-edge technology hub in Mons. What kinds of synergies do you think are possible, and necessary, between a centre like yours, with its future-oriented focus on culture and technology, and the dynamic developed by private-sector technology?

In a region with over 20% unemployment and in the throes of the changeover from heavy industry to digital innovation, a cultural project that doesn't take account of social and economic realities is unthinkable. Apart from the setting up of Google's European datacentre in Mons, and other major ventures currently under discussion, the creation of Virtualis — a network of ten companies specialising in 'real time' digital technology for images, sound and voice — is a great opportunity to work together in a new kind of exchange situation: companies will be able to take on interns and offer artists and technicians technological resources going well beyond what even a big training centre like Technocité can offer.

We also see it as ideal that in addition to weighing up the significance of the new digital tools, a cultural body should be able to use this kind of collaborative venture to provide a kind of collective social recognition for local hi-tech players; and to do so by demystifying technology for the general public and, especially, for young people obliged to think in terms of vocational orientations that no longer have anything to do with those of previous generations. To try to cut down the time lag between the appearance of a form of digital technology and its acquisition by the population in the broad sense is a major collective challenge, and one in which a cultural body can play a core part.

What concrete collaborative ventures are you organising in terms of applied scientific research and digital creation? I'm thinking, for example, of the recent Numediart programme developed by the Mons Polytechnic and the Catholic University of Louvain, with backing from the Walloon Region: a project involving electronic stringed instruments, the interactive body and management of multimedia contents.

Given the expansion of our activities since 2003, ongoing technological support for certain projects is no longer possible with the resources of a training centre, even if we were pioneers in the field. In this respect the Numediart initiative overseen by Professor Thierry Dutoit of Polytech.Mons will enable us to set up structured three-month research programmes in which technical specialists and firms will assist artistic projects. This will not only open up new areas of creativity and innovation, it will also generate new approaches between people of different vocational backgrounds — artists, technologists and business people — via cultural projects.

Cependant l'utilisation et la sophistication technologiques ne doivent pas être une fin en soi. Tous les moyens que nous avons la chance de pouvoir déployer au CECN sont au service du projet artistique, qui reste au centre de notre préoccupation. En ce sens les projets où un ou une artiste a essayé d'utiliser une technologie et revient à une forme sans technologie, ou dans lesquels la technologie a été réduite après avoir été à l'épreuve du projet artistique sont souvent les plus intéressants dans leur démarche car ils démontrent que notre travail est basé sur la quête du sens des nouveaux outils numériques, pas de l'utilisation de la technologie par inflation technologique ou effet de mode. Nous supportons ces 'allers-retours'. De même une approche très simple et humoristique de la technologie comme celle d'Antoine Defoort (performer et artiste pluridisciplinaire qui a remporté le prix des rencontres professionnelles de VIA 2008) nous intéresse également dans une nécessaire analyse critique de notre modernité et de ses nouveaux outils.

However, the use of sophisticated technology should not be an end in itself. All the resources we've been lucky enough to gain access to at CECN serve the artistic projects that remain our overriding concern. In this sense projects in which an artist has tried out technology and ultimately fallen back on a non-technological form, or in which the technological input has been cut back after being tested in the art context, are often the most interesting: they demonstrate that our work is based on a search for the meaning of new digital tools and not on technological overkill or mere fashion. We accept this 'give and take'. And the very simple, funny approach to technology practised by performer and multidisciplinary artist Antoine Defoort is interesting too, as part of a necessary critical analysis of our modernity and its new tools.

L'Effet Papillon de la compagnie Contour Progressif, Mylène Benoît

biographies

biographies

FLORENT AZIOSMANOFF
Chercheur, co-fondateur et directeur de la création d'ART3000, association culturelle créée en 1988 avec Nils Aziosmanoff, sélectionnée en 2001 par la Ville d'Issy-les-Moulineaux pour créer, animer et gérer *Le Cube* (Centre de Création Numérique) depuis son lancement. ART3000 anime un réseau international de créateurs, constituant un espace multiculturel et transdisciplinaire d'échanges et de réflexions sur l'art numérique.

Researcher, co-founder and art director with Nils Aziosmanoff of the cultural association ART3000 in 1988 which was chosen by the City of Issy-les-Moulineaux in 2001 to set up and direct the digital creation centre *Le Cube*. Coordinator of an international artistic network, ART3000 is a multicultural, interdisciplinary space for exchange and speculation in the digital art domain.
www.lesiteducube.com

FRANCK BAUCHARD
Franck Bauchard est Directeur-Adjoint à la Chartreuse de Villeneuve-lès-Avignon et responsable du Centre National des Écritures du Spectacle depuis janvier 2007.
Il est diplômé de l'Institut d'Études Politiques de Paris (1985) et de l'Université de Dijon (DESS de politique culturelle, 1993). Après un parcours en dramaturgie (théâtre et cinéma) et mise en scène, il a travaillé au Ministère de la Culture notamment comme Inspecteur pour le théâtre à la Direction de la Musique de la Danse du Théâtre et des Spectacles (1998-2003) puis comme chef de l'inspection théâtre et conseiller du directeur de la DMDTS pour le théâtre (2004-2006). Il a siégé au DICRéAM (Dispositif de soutien à la création multimédia du Ministère de la Culture) entre sa création en 2001 et 2006. Il a publié par ailleurs régulièrement sur la question du théâtre et des nouveaux médias dans des revues françaises et étrangères (*Théâtre Public, Etudes Théâtrales, Maska, Ec/arts, Opce, Anomalie*), et contribué à des ouvrages collectifs (*La scène et les écrans*, édité par B. Picon-Vallin).

Franck Bauchard is deputy director of the Chartreuse de Villeneuve-lès-Avignon and has been in charge of the National Centre for Performing Arts Writing since 2007. He is a graduate of the Institut d'Études Politiques in Paris (1985) and the holder of a postgraduate degree in Cultural Policy from the University of Dijon (1993). After a period as a writer and director for the stage and film, he worked at the Ministry of Culture, notably as Theatre Inspector in the Music, Dance and Performing Arts Department (DMDTS) between 1998–2003, then as Chief Inspector and advisor to the Director of the DMDTS in 2004–06. He was a member of the Ministry of Culture's Multimedia Support Committee (DICRéAM) from its creation in 2001 until 2006. He has written regularly on the theatre and the new media for magazines in France and abroad — *Théâtre Public, Etudes Théâtrales, Maska, Ec/arts, Opce, Anomalie* — and for multi-author publications such as *La Scène et les Écrans*, edited by B. Picon-Vallin.
www.chartreuse.org

PHILIPPE BAUDELOT
Sémiologue, consultant dans le domaine des arts du spectacle et technologies et curateur/programmateur, Philippe Baudelot travaille avec les structures culturelles, les collectivités locales et, souvent directement avec les artistes. En 1999, il a conçu le secteur multimédia du *Monaco Dance Forum* dont il a été, de 2001 à fin 2006, chef de projet danse et multimédia. Il est chargé de cours sur les arts et le spectacle numérique à l'Université de Nice Sophia-Antipolis (Dpt des Arts et Dpt ACL). Il est aussi programmateur danse pour le *Festival 06 en Scène* à Nice et conseiller 'arts numériques' pour le Dansoir et diverses structures culturelles. Il est membre du RAN (Réseau Arts Numériques), membre de l'association ARPAN (Association Régionale des Professionnels des Arts Numériques) et de plusieurs comités artistiques (*Enactive in arts, Bains numériques*, NIME...). Il est secrétaire du bureau exécutif du Pôle de Compétitivité ICI (Industries de la Création et Innovation – Région PACA) consacré aux nouvelles scénographies.

Semiologist, performing arts and technology consultant and curator/programmer, Philippe Baudelot works with cultural and local government bodies and, often, directly with performers. In 1999 he designed the multimedia segment of the *Monaco Dance Forum*, of which he would be dance and multimedia project head from 2001–06. He is a lecturer on the arts and digital performance at the University of Nice Sophia-Antipolis, dance programmer for the *Festival 06 en Scène* in Nice, and digital arts adviser for Le Dansoir and various cultural bodies. He is also a member of the Digital Arts Network (RAN), the Regional Association of Digital Arts Professionals (ARPAN) and the committees for festivals like *Enactive in Arts* and *Bains numériques*; and secretary of the executive committee of the Provence-Alpes-Côte d'Azur Region's Creation and Innovation Industries hub, devoted to new scenographic approaches.
http://digitalperformanceculture.blog.fr

LAURENT CATALA
Laurent Catala, né en 1971, est journaliste / rédacteur pour différentes revues spécialisées dans le croisement des musiques modernes, des arts numériques et du spectacle vivant . Il collabore notamment à *Musiques et Cultures Digitales, Mouvement, Qwartz* et fait partie depuis plus de dix ans de l'équipe éditoriale d'*Octopus*.

Laurent Catala, born in 1971, is a journalist and writer for magazines specialising in the crossovers of modern music, digital arts and performing arts. In particular he contributes to *Musiques et Cultures Digitales, Mouvement* and *Qwartz*, and for over 10 years has been on the editorial team of *Octopus*.
www.octopus-enligne.com
www.digitalmcd.com

THIERRY DE MEY
Après des études de cinéma à l'IAD (Bruxelles), Thierry De Mey aborde la musique contemporaine de manière décloisonnée en synergie avec la danse en pleine redéfinition au début des années 1980. Il est membre fondateur du groupe de « *contempo rock* » belge Maximalist !. Il compose pour divers chorégraphes contemporains importants dont Anne Teresa de Keersmaeker, Wim Vandekeybus, Michèle-Anne De Mey ou encore Manuela Rastaldi. Son travail a reçu plusieurs prix internationaux. Ses œuvres ont été interprétées par de grands ensembles tels que Ictus, Hilliard ensemble ou encore London Sinfonietta. Il a réalisé plusieurs films de danse (dont *Love Sonnets*), des enregistrements CD alliant musique électronique et acoustique (*Kinok* chez Megadisc, *Undo Pièces électroniques, scies, bonds, empreintes* chez Sub Rosa), des performances / concerts et plus récemment des installations. Il exerce également une activité pédagogique itinérante.

After studying cinema at IAD in Brussels, Thierry De Mey combined an open-ended approach to contemporary music with the radically redefined dance of the early 1980s.
A founder member of the Belgian "*contempo-rock*" group Maximalist!, he has composed for such major choreographers as Anne Teresa de Keersmaeker, Wim Vandekeybus, Michèle-Anne De Mey and Manuela Rastaldi. His compositions, which have won him a number of international awards, have been performed by Ictus, the Hilliard Ensemble and the London Sinfonietta. His output also includes several dance films (such as *Love Sonnets*), CDs combining electronic and acoustic music (*Kinok* for Megadisc, *Undo and Pièces électroniques, scies, bonds, empreintes* for Sub Rosa), performances/concerts and, more recently, installations. He also works as a travelling teacher.
www.charleroi-danses.be

MAŸLIS DUPONT

Sociologue et musicologue, ancienne élève de l'École Normale Supérieure de Cachan, docteure de l'Université Lille 3 en sociologie et musicologie, Maÿlis Dupont est actuellement en post-doctorat CNRS dans l'équipe « Analyse des pratiques musicales » à l'Ircam.
Ses recherches portent autant sur des problématiques d'apprentissage et de production dans des environnements augmentés (qui nécessitent des ajustements hommes-machines) que sur des problématiques de réception des arts, de la musique spécialement (lieux, pratiques, outillage de l'écoute). Chargée de cours à l'Université Lille 3, Maÿlis Dupont réalise par ailleurs des documentaires, pour le compte de l'Ircam / Centre Pompidou, sur des performances contemporaines.

Maÿlis Dupont is a sociologist and musicologist. After studying at the École Normale Supérieure in Cachan and taking out her doctorate in sociology and musicology at the University of Lille 3, she is now part of the "Analysis of Musical Practice" team at the experimental music centre Ircam in Paris. Her research also focuses on the issues of learning and producing in computer-augmented environments, which call for man-machine adaptation; and on receptivity in the arts, with special emphasis on music, in terms of places, practices and listening equipment. Currently a lecturer at the University of Lille 3, Maÿlis Dupont also makes documentaries on contemporary performance works for Ircam/Centre Pompidou.
www.ircam.fr

PHILIPPE FRANCK

Historien de l'art, critique et concepteur culturel, Philippe Franck dirige le Centre interdisciplinaire des cultures électroniques et sonores Transcultures (association qu'il a fondé à Bruxelles en 1996) aujourd'hui installé à Mons, Belgique. Il a conçu de nombreuses expositions, rencontres, manifestations internationales et festivals (dont *City Sonics*, festival des sonores à basé à Mons et les *Transnumériques*, festival des arts numériques en Communauté française de Belgique et dans plusieurs villes françaises associées). Parallèlement, il donne des conférences et écrit dans diverses publications culturelles belges et françaises sur la création interdisciplinaire, sonore et numérique. Il est en charge du cours d'arts numériques (deuxième cycle) à l'ENSAV La Cambre et il est membre du Conseil scientific du laboratoire de recherche en art sonore Locus Sonus (École d'Art d'Aix-en-Provence et de Nice / Villa Arson). Il fait également partie de l'équipe Troisième Pôle / Naïve qui vient d'être choisie par la Ville de Paris et chargée du projet de la *Gaîté Lyrique*, nouveau centre pour les arts numériques et les musiques actuelles à Paris.

Art historian, critic and cultural initiator, Philippe Franck directs Transcultures in Mons, Belgium, a centre for cross-disciplinary explorations in the domains of creative electronics and sound which he founded in 1996. He has designed numerous exhibitions, encounters, international events and festivals, among them *City Sonics*, a sound festival based in Mons, and *Transnumériques*, a digital arts festival held in Belgium and a number of French cities.
He is also a lecturer, and writes on interdisciplinary, sound-led and digital arts for various cultural publications in Belgium and France. He lectures on digital art at the ENSAV La Cambre school of art and he is member of the Scientific Council of the research laboratory on sound art Locus Sonus (Art School of Aix-en-Provence and of Nice / Villa Arson). In addition he is part of the Troisième Pôle/Naïve team which has just been chosen to implement the City of Paris's *Gaîté Lyrique* project for a new centre for the digital arts and contemporary musical forms.
www.transcultures.net / www.citysonics.be / www.transnumeriques.be

MYRIAM GOURFINK

Les processus chorégraphiques chez Myriam Gourfink sont largement influencés par sa découverte du yoga et de l'informatique. « *Abstraite, sa danse, souvent retenue dans l'immobilité, prône une lenteur quasi hypnotique. Travail où le regard s'aiguise sur les lignes que dégagent gestes et postures, jusqu'à percevoir les micro-mouvements des danseurs, qui semblent glisser comme une saccade de sons* ».
« *Respiration, concentration fondent sa danse qui relève d'un minutieux travail de visualisation intérieure, d'une attention extrême portée au volume corporel et envisage l'espace comme un ensemble de trajectoires constituées par des points invisibles reliés entre eux* ».

Myriam Gourfink's choreographic processes have been marked by her discovery of yoga and computers. "*Her dance, abstract and often immobile, espouses a near-hypnotic slowness. The watcher's eye is honed by the lines generated by movements and postures, to the point of detecting the dancers' micro-movements, which seem to succeed each other like staccato sounds*". "*Breathing and concentration underpin her dance, which draws on a meticulous interior visualisation and rigorous attention to bodily volume, and treats space as a set of trajectories made up of invisible, but interlinked points*".
www.myriam-gourfink.com

CHRISTIAN JACQUEMIN

Christian Jacquemin est professeur en informatique à l'Université de Paris-11 et responsable du thème « Virtualité Interactivité Design et Art » au LIMSI-CNRS. Il a publié dans les conférences majeures en Linguistique Computationnelle et Interaction Homme / Machine. Il est l'auteur d'un livre sur le traitement automatique des langues publié par MIT Press en 2001. Il est impliqué dans plusieurs coopérations artistiques en graphisme et interaction temps réel (théâtre, installations artistiques, design sonore, musique...). Ses thèmes de recherche actuels portent sur la visualisation de l'information, le graphisme et l'audio 3D interactifs, et le rendu graphique avancé pour les arts du spectacle et les arts plastiques.

Christian Jacquemin teaches computer science at the University of Paris 11 and is director of the "Virtuality Interactivity Design and Art project" at the LIMSI-CNRS research centre. He has contributed to major conferences on Computational Linguistics and Man/Machine Interaction, and is the author of Spotting and Discovering Terms through Natural Language Processing (MIT, 2001). He is also a participant in a number of cooperative artistic projects on real time graphics and interaction in the theatre, installations, sound design, music, etc. His current research strands are information visualisation, interactive 3D graphics and audio, and advanced graphic effects in the performing and visual arts.
www.limsi.fr

PASCAL KEISER

Après une carrière de dix ans dans l'ingénierie à l'international, Pascal Keiser a créé *La Manufacture / Scènes contemporaines* en 2001 à Avignon Off, lieu présentant une programmation contemporaine et performance audacieuse dans le festival, jouant la transparence budgétaire et présentant des spectacles hors les murs. Il dirige le CECN au sein du manège.mons et du *Manège* de Maubeuge depuis 2003, et Technocité, centre de formation NTIC de la Région Wallonne depuis 2007. Il est également vice-président des Halles de Schaerbeek à Bruxelles et responsable du développement économique et de la technologie pour le projet *Mons 2015*, Capitale Européenne de la Culture. Depuis 2008, il dirige la programmation versant belge du festival international *VIA*.

After ten years spent working internationally as an information technology engineer, in 2001 Pascal Keiser set up *La Manufacture/Scènes Contemporaines* — a venue for boldly contemporary performances — at the Avignon Fringe Festival in 2001. He has been directing CECN at manège.mons and *Manège* de Maubeuge since 2003; and Technocité, the Walloon Region information technology training centre, since 2007. He is also vice-president of the Halles de Schaerbeek arts centre in Brussels and is in charge of the economic and technological segments of the project *Mons 2015*: European Capital of Culture. In 2008 he was appointed director of the Belgian section of the *VIA* international arts festival.
www.cecn.com
www.technocite.be

FRANCIS LESTIENNE

Francis Lestienne est professeur des universités et ancien Directeur de Recherche au CNRS. Ses travaux de recherche appartiennent au domaine de la neurophysiologie du mouvement et ont débuté en 1974 dans le cadre de sa thèse d'Etat. Il se sont poursuivis au MIT où il a séjourné 3 années en tant que *Senior Scientist*. À son retour des USA, il a pris la direction d'une équipe dans le laboratoire propre du CNRS à Paris (LPN : Neurophysiologie Sensorielle) sur les processus d'adaptation des mouvements et de la posture en milieu contraignant (microgravité). Depuis 1999, il dirige à l'Université de Caen Basse-Normandie, le pôle pluridisciplinaire MODESCO (Modélisation en Sciences Cognitives) de la Maison de la Recherche en Sciences Humaines (UMS CNRS 843). Conjointement, il vient de créer une Equipe de Recherche Technologique (ERT *Rapsodie*), spécialisée dans la rééducation et l'aide aux processus d'Orientation. Parallèlement à ces activités de recherche académique, il a ouvert un champ d'investigation sur la Danse et les Nouvelles Technologies en collaboration avec le *centre des arts* d'Enghien-les-Bains.

Francis Lestienne is a university teacher and a former Research Director at France's National Centre for Scientific Research (CNRS). He began his own research into the neurophysiology of movement in 1974, when working on his doctorate, then spent three years as Senior Scientist at MIT. On his return from the United States he took over as head of a team in the CNRS Sensory Neurophysiology laboratory in Paris, specialising in microgravity and movement adaptation processes in restrictive situations. Since 1999 he has been in charge of MODESCO (Modelling in the Cognitive Sciences), the multidisciplinary social sciences hub at the University of Caen Basse-Normandie. He has also just created the *Rapsodie* Technological Research Team, specialising in rehabilitation and assistance for orientation processes. In addition to his academic activities he has begun working with the Enghien-les-Bains *centre des arts* on dance and new technology.
www.unicaen.fr/mrsh/modesco

NORMAND MARCY

Parallèlement à sa recherche en vue de l'obtention d'un doctorat en Études et pratiques des arts de l'UQAM, Normand Marcy est directeur artistique du collectif montréalais BANG! de brut…, artiste et chercheur en arts médiatiques, assistant de recherche et opérateur de système de *mocap* au LARTech, membre du CIAM et co-fondateur de la ligue d'impro-mouvement les Imprudanses. Il a été journaliste et critique de danse pour l'hebdomadaire culturel montréalais *VOIR* (2002-2006) et occupe présentement la fonction de critique et théoricien en arts de la scène et arts médiatiques dans des revues spécialisées (*Leonardo/Olats, Archée, Cahiers de théâtre JEU, Jamais Lu*, etc.), puis participe à titre de conférencier invité à des colloques savants (*Bains numériques, Festival TransAmériques, UpGrade Montreal*, etc.)

In parallel with the research for his doctorate in Art Studies and Practices at the University of Quebec in Montreal, Normand Marcy is artistic director of the Montreal collective BANG! de brut…, media artist and researcher research assistant and *mocap* system operator at LARTech, member of the Centre Interuniversitaire des Arts Médiatiques (CIAM) and co-founder of the impro-motion league Les Imprudanses. Formerly a journalist and dance critic for the Montreal cultural weekly *VOIR* (2002–06), he is currently a performing and media arts critic and theoretician for the specialist reviews *Leonardo/Olats, Archée, Cahiers de théâtre JEU and Jamais Lu*. He is a regular guest speaker at such scholarly collquia as *Bains numériques, Festival TransAmériques* and *UpGrade Montreal*.
www.lartech.uqam.ca
http://web.mac.com/bangdebrut

ARMANDO MENICACCI

Enseignant, chercheur et artiste, il a étudié la danse classique et contemporaine. Il obtient une maîtrise en musicologie et un doctorat sur les rapports entre la danse et les technologies numériques auprès de l'Université Paris 8 où il a fondé et dirige Médiadanse, laboratoire de recherche, création et pédagogie en danse et technologies numériques.
En parallèle, il accompagne le travail de création et collabore avec plusieurs chorégraphes (Rachid Ouramdame, Vincent Dupont, Bud Blumenthal). Membre de l'association anomos (www.anomos.org) qui s'occupe des rapports entre les arts et les technologies numériques, il a également publié plusieurs articles et ouvrages dont *La Scena Digitale, Nuovi media per la danza*, Venezia, Marsilio, 2002. Il développe parallèlement un travail artistique avec la complicité du chercheur et architecte Christian Delécluse (D-Flesh).

Teacher, researcher and artist, Armando Menicacci studied classical and contemporary dance. He took out a masters in musicology and a PhD on the relationship between dance and digital technology at University of Paris 8, where he also founded and directed Médiadanse, a laboratory for dance research, creation and education, and digital technology. At the same period he worked with choreographers like Rachid Ouramdame, Vincent Dupont and Bud Blumenthal. A member of the Anomos association (www.anomos.org), which specialises on the relationships between the arts and digital technology, he has written articles and books including *La Scena Digitale, Nuovi media per la danza*, Marsilio, Venice, 2002. His work also includes art projects with researcher/architect Christian Delécluse (D-Flesh).
www.anomos.org

JEAN-NOËL MONTAGNÉ

Artiste et activiste français opérant dans le domaine de l'art interactif. Fondateur de l'association d'artistes, chercheurs et ingénieurs « Art Sensitif » à Nice en 1999. Fondateur du Centre de Ressources Art Sensitif au Centre d'Art *Mains d'Œuvres* à Saint-Ouen en 2006. Organise des formations professionnelles et publiques sur les technologies d'interaction temps réel dans la création artistique. Fondateur des initiatives de matériel libre Fluxtation.org et Bricophone.org.

French artist and activist operating in the interactive art field. Founder of Art Sensitif, an association of artists, researchers and computer engineers, in Nice in 1999. Founder of the Art Sensitif resource centre at the *Mains d'Œuvres* art centre in Saint-Ouen in 2006. Organises professional and public training courses on real-time interaction technology in art. Founder of the freeware initiatives Fluxtation.org and Bricophone.org.
www.craslab.org

MUTIN

Constituée de Céline Verdan, Philippe Jelli et Florence Corin, Mutin est une association bruxelloise transdisciplinaire tournée vers la création et la réflexion liées à la danse, la vidéo, la musique électronique et aux technologies numériques. Depuis sa création, Mutin a notamment créé des performances et installations interactives.
Céline Verdan est danseuse, en dehors de ses créations au sein de Mutin, elle danse également pour des compagnies belges et françaises. **Philippe Jelli**, outre son activité d'architecte, est créateur sonore concerné par l'interactivité et les technologies numériques. **Florence Corin** est artiste multimédia, intéressée par le corps, le mouvement, l'image et les technologies numériques. Elle est également, depuis 1998, responsable des publications au sein de Contredanse.

Mutin consists of Céline Verdan, Philippe Jelli and Florence Corin. It is a Brussels-based, non-profit, transdisciplinary association dedicated to creating and thinking around dance, video, electronic music and digital technologies. Since its inception, Mutin has notably created performances and interactive installations.
Céline Verdan is a dancer. Besides creating within Mutin, she dances for Belgian and French companies. **Philippe Jelli,** besides working as an architect, is a sound designer interested in interactivity and digital technologies. **Florence Corin** is a multimedia artist interested in the body, movement, imagery and digital technologies. Since 1998, she has also been head of publications for Contredanse.
www.mutin.org

ÉRIC PRIGENT

Éric Prigent est coordinateur pédagogique au Fresnoy pour les projets dédiés à la création digitale. Après des études en arts plastiques à l'Université de Haute-Bretagne à Rennes, il enseigne au Maroc puis travaille pour le compte des Editions Gallimard et dans le secteur de l'animation 3D. Diplômé de l'Institut d'Etudes Européennes dans le cadre d'un projet de recherche sur l'émergence des technologies multimédia et leurs conséquences pour la création artistique et la diffusion, il rejoint ensuite le Centre International de Création Vidéo de Montbéliard où il est responsable de développement de projets puis directeur de la communication. Depuis 2002, il est responsable de la seconde année du cursus du Fresnoy, consacrée à la création numérique.

Éric Prigent is Le Fresnoy's educational coordinator for creative digitally-led projects. After studying visual arts at the Université de Haute-Bretagne in Rennes, he taught in Morocco, then worked for the publishing house Gallimard and in 3D animation. A graduate of the Institute for European Studies, where he took part in a research project focusing on the emergence of multimedia technology and its consequences for artistic creation and dissemination, he worked at the Centre International de Création Vidéo in Montbéliard, firstly as head of project development, then head of communication. Since 2002 he has been in charge of the second year of the study programme at Le Fresnoy, devoted to digital creation.
www.lefresnoy.net

HIROAKI UMEDA

Né au Japon , Hiroaki Umeda vit et travaille à Tokyo. Il a fondé sa compagnie — S20 — et créé les pièces *Ni* (2001), *While Going To A Condition* (2002), *Looming* (2003) et *Finore* (2003) qu'il a présentées dans les festivals de danse attentifs aux formes émergentes : *Japan Dance festival* (Corée), *Yokohama Dance Collection* (Japon), *Uovo et Contemporanea* (Italie), *FIND Festival* (Canada)... En France, il a été régulièrement invité par les plus prestigieux festivals de danse.

Born in Japan, Hiroaki Umeda lives and works in Tokyo. He founded his company — S20 — and created the performance *Ni* (2001), *While Going To A Condition* (2002), *Looming* (2003) and *Finore* (2003) he presented a dance festivals attentive to emerging forms: *Japan Dance festival* (Korea), *Yokohama Dance Collection* (Japan), *Uovo and Contemporanea* (Italy), *FIND Festival* (Canada)... In France, he was regularly invited by the most prestigious dance festivals.
www.hiroakiumeda.com

Achevé d'imprimer en juin 2008
sur les presses de Gráficas Monterreina à Madrid
Imprimé en Espagne

Dépôts légaux :
Bibliothèque nationale de France, juin 2008
Bibliothèque royale de Belgique, 2e trimestre 2008 D/2008/5636/8